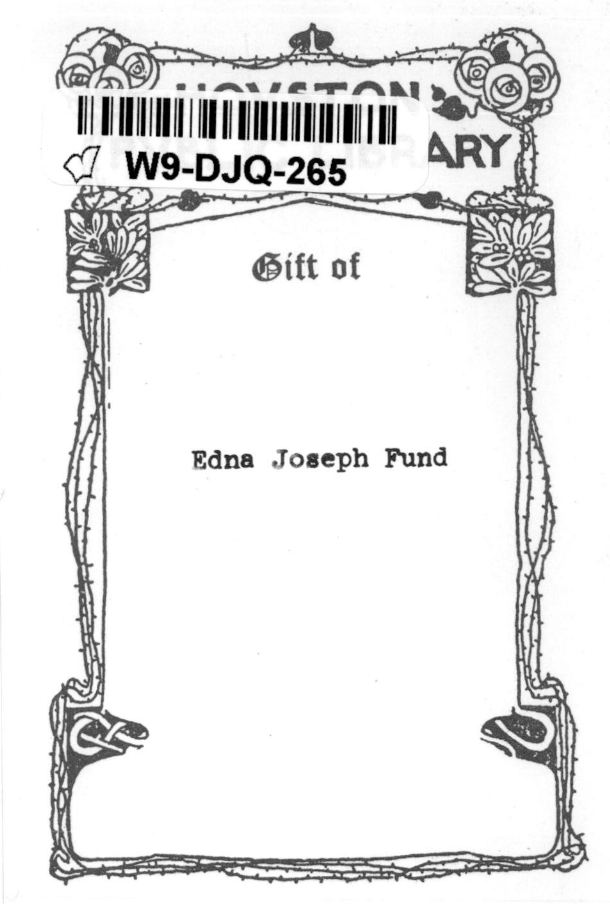

ARY
W9-DJQ-265
Gift of
Edna Joseph Fund

Da Capo Press Music Reprint Series

GENERAL EDITOR: FREDERICK FREEDMAN

Vassar College

The Works of
RICHARD WAGNER

IV

DIE HOCHZEIT

DIE FEEN

The Works of
RICHARD WAGNER

Music Dramas

Tannhäuser
Lohengrin
Tristan und Isolde

Early Operas

Die Hochzeit
Die Feen
Das Liebesverbot

Musical Works

Lieder und Gesänge
Chorgesänge
Orchesterwerke [1]
Orchesterwerke [3]

The Works of
RICHARD WAGNER

Edited by Michael Balling

IV

[Volumes 12 & 13]

DIE HOCHZEIT

Introduktion, Chor und Septett der
unvollendeten Oper

DIE FEEN

Romantische Oper in Drei Akten

DA CAPO PRESS • NEW YORK • 1971

A Da Capo Press Reprint Edition

This Da Capo Press edition of *The Works of Richard Wagner* is an unabridged republication in seven volumes of *Richard Wagners Werke,* published originally in ten volumes in Leipzig, 1912-*c.* 1929. It is reprinted by special arrangement with Breitkopf & Härtel.

Although the first edition was originally projected as a complete compilation of Richard Wagner's musical scores, only the ten volumes now reprinted were ever published.

Library of Congress Catalog Card Number 72-75306
SBN 306-77254-X

SBN (7-Volume set) 306-77250-7

Published by Da Capo Press, Inc.
A Subsidiary of Plenum Publishing Corporation
227 West 17th Street, New York, N.Y. 10011

Manufactured in the United States of America

Richard Wagners
Werke

Richard Wagners Werke

Musikdramen – Jugendopern – Musikalische Werke

herausgegeben
von
Michael Balling

XII

Die Hochzeit

Verlag von Breitkopf & Härtel in Leipzig
Berlin · Brüssel · London · New York

Die Hochzeit

Introduktion, Chor und Septett

der unvollendeten Oper

von

Richard Wagner

Partitur

Verlag von Breitkopf & Härtel in Leipzig

Berlin • Brüssel • London • New York

Vorwort

„Ein wahnsinnig Liebender ersteigt das Fenster zum Schlafgemach der Braut seines Freundes, worin diese der Ankunft des Bräutigams harrt; die Braut ringt mit dem Rasenden und stürzt ihn in den Hof hinab, wo er zerschmettert seinen Geist aufgibt. Bei der Totenfeier sinkt die Braut mit einem Schrei entseelt über die Leiche hin."

So erzählt Wagner im ersten Band seiner „Gesammelten Schriften" den Hergang der Handlung seines musik-dramatischen Erstlingswerkes „Die Hochzeit". Wie er zu diesem Stoffe kam, konnte sich Wagner selbst nicht mehr entsinnen. Die hier vorliegende Partitur ist das einzige, was musikalisch ausgeführt wurde und das uns erhalten blieb.

Im Sommer 1832 machte der damals 19jährige Wagner eine Reise nach Wien, und auf dem Rückwege von dort hielt er sich längere Zeit in Prag auf; hier entstand die Ausführung des Operntextes „Die Hochzeit". Im Spätherbst desselben Jahres kehrte er dann nach Leipzig zurück und ging sogleich an die musikalische Komposition der ersten Szene; die Skizze dieser Komposition ist ebenfalls erhalten geblieben und trägt das Datum: Leipzig den 5. Dezember 1832.

Die große Zufriedenheit seines Lehrers Weinlig mit der Komposition veranlaßte wohl Wagner gleich an die Ausarbeitung in Partitur dieser ersten Szene zu gehen und so entstand das Fragment, das nun im Stich vorliegt. — Wagner erzählt weiter, daß infolge des Mißfallens, das die Dichtung bei seiner Schwester Rosalie erregte, er den Text gänzlich vernichtete und die weitere Ausführung der Oper aufgab. Die uns erhaltene Partitur ist datiert, Würzburg den 1. März 1833, doch bezieht sich dieses Datum wohl nur auf die Dedikation an den Würzburger Musikverein, mit dem Wagner gelegentlich seines Aufenthaltes in der genannten Stadt in nähere Beziehung trat. Für diesen Verein dürfte wohl auch die wundervoll ausgeführte Reinschrift der Partitur von Wagner geschrieben sein, die mir als Stichvorlage zur Verfügung stand. Die Ausarbeitung der Partitur ist sicherlich noch in Leipzig im Dezember 1832 entstanden, Der Titel und die Widmung, welche die erste Seite der Partitur allein ausfüllen, lauten:

Fragment einer unvollendeten
Oper: Die Hochzeit
von
Richard Wagner.
Dem Würzburger Musikverein zum
Andenken verehrt.
Introduction: Chor und Septett.

Der vorliegende Stich des Fragmentes ist, mit Ausnahme einiger Ergänzungen der dynamischen Vortragszeichen und der Richtigstellung unbedeutender Schreibversehen, eine genaue Wiedergabe des Originales. Für das liebenswürdige Entgegenkommen der Firma Ludwig Rosenthal's Antiquariat, München, der Besitzerin der erwähnten Reinschrift, möchte ich hier noch meinen besonderen Dank aussprechen; die genannte Firma hat mich des seltenen Vertrauens gewürdigt, mir das Original auf mehrere Tage zum Zwecke der Revision zu überlassen, was im Hinblick auf den großen kunsthistorischen Wert dieser Partitur, und im Vergleich mit dem törichten Benehmen des einstigen Besitzers, des Würzburger Musikalienhändlers Röser (gegen den Wagner vergebens einen Prozeß zur Wiedererlangung seines geistigen Eigentums geführt) gewiß als sehr schätzenswert betrachtet werden muß.

Das Hauptinteresse des Fragmentes liegt meines Erachtens nicht auf musikalischem, sondern auf dem dramatischen Gebiete; es ist für einen 19jährigen eine bedeutende Leistung, eine Exposition zu einer Oper zu schreiben, von solcher Knappheit, solcher Charakterisierung der Personen und solcher Bewegtheit der Handlung; es ist erstaunlich wie deutlich man die einzelnen Linien der Perspektive der Handlung bis zu ihrem durch den Inhalt gegebenen Endpunkt verfolgen kann, trotzdem wir nur einen so kleinen Teil des ganzen Werkes vor uns haben. Auch die Musik weist manche Züge auf, die man mit „wagnerisch" bezeichnen darf.

Februar 1912

Michael Balling

Die Hochzeit

von

Richard Wagner

Introduktion, Chor und Septett

Würzburg den 1. März 1833.

Stich und Druck von Breitkopf & Härtel in Leipzig.

Fl.
Ob.
Clar. C.
Fag.
Cor. C.
Tr. C.
Timp.
Vl. I.
Vl. II.
Vla.
Vcl. e Basso.
arco
arco

Fl.
Ob.
Clar. C.
Fag.
Cor. C.
Tr. C.
Timp.
Vl. I.
Vl. II.
Vla.
Vcl. e Basso.

Fl.
Ob.
Clar. C.
Fag.
Cor. C.
Tr. C.
Timp.
Tenore I.
Tenore II.
Basso I.
Basso II.
Vl. I.
Vl. II.
Vla.
Vcl. e Basso.
p dolce
a 2
Vereint, vereint ertönet jetzt aus unsrem Munde des Friedens freundlich
Vereint, vereint ertönet jetzt aus unsrem Munde des Friedens freundlich
Vereint, vereint ertönet jetzt aus unsrem Munde des Friedens freundlich
Vereint, vereint ertönet jetzt aus unsrem Munde des Friedens freundlich

Fl.
Ob.
Clar. C.
Fag.
Cor. C.
Tr. C.
Timp.
Vl. I.
Vl. II.
Vla.
Vcl.
Basso.
cresc.
p cresc.
f
mf
ff
ho_her Ge_sang! Denn Hadmar und Mo_rar, nach lan_gem Kampf, nach blut'_gem

Fl.
Ob.
Clar. C.
Fag.
Cor. C.
Tr. C.
Timp.
più f
sfz
Streit sind ausgesühnt, ver-eint zu die-ser Stunde, wo wir ein ho - hes Fest zu begehn, die
Streit sind ausgesühnt, ver-eint zu dieser Stunde, wo wir ein ho - hes Fest zu begehn, die
Streit sind ausgesühnt, ver-eint zu dieser Stunde, wo wir ein ho - hes Fest zu begehn, die
Streit sind ausgesühnt, ver-eint zu dieser Stunde, wo wir ein ho - hes Fest zu begehn, die
Vl. I.
Vl. II.
Vla.
Vcl.
Basso

Fl.

Ob.

Clar.C.

Fag.

Cor.C.

Tr.C.

Timp.

Hän - de froh uns rei - - - - - chen.

Hän - de froh uns rei - - - - chen.

Hän - de froh uns rei - - - - chen.

Hän - de froh uns rei - - - chen.

Vl.I.

Vl.II.

Vla.

Vcl.

Basso.

Fl.
Ob.
Clar.C.
Fag.
Cor.C.
Tr.C.
Timp.
Soprano I.
Will - kommen ihr, von Morars fer-nem Lande, auf Hadmars fro-her Burg!
Wo
Soprano II.
Will - kommen ihr, von Morars fer-nem Lande, auf Hadmars fro-her Burg!
Wo
Alto.
Will - kommen ihr, von Morars fer-nem Lande, auf Hadmars froher Burg!
Wo
Vl.I.
Vl.II.
Vla.
Vcl.e Basso.

Ob.
Clar. C.
Fag.
Cor. I. II. C.
cresc.
f
p
Frie_den sich mit ho_her Freude ei_net beim heit'_ren Hochzeits_fest, beim heit'_ren Hochzeits_
Frie_den sich mit hoher Freu_de ei_net beim heit'_ren Hochzeits_fest, beim heit'_ren Hochzeits_
Frie_den sich mit hoher Freu_de ei_net beim heit'_ren Hochzeits_fest, beim heit'_ren Hochzeits_
Vl. I.
Vl. II.
Vla.
Vcl. e Basso.
Fl.
mf
fest. Schon ist mit A_rindal ver_mäh_let die schö_ne A_da, Hadmars Kind, die Zierde al_ler
fest. Schon ist mit A_rindal ver_mäh_let die schö_ne A_da, Hadmars Kind, die Zierde al_ler
fest. Schon ist mit A_rindal ver_mäh_let die schö_ne A_da, Hadmars Kind, die Zierde al_ler

Fl.
Ob.
Clar. C.
Fag.
Cor. C.
Tr. C.
Timp.
mf cresc.
f
Sopr. I.
Frau'n, die Zier-de al-ler Frau'n!
Ver-eint, ver-eint er-
Sopr. II.
Frau'n, die Zier-de al-ler Frau'n!
Ver-eint, ver-eint er-
Alto.
Frau'n, die Zier-de al-ler Frau'n!
Ver-eint, ver-eint er-
Tenore I.
Vereint, ver-eint er-tö-ne jetzt aus uns-rem Munde,
Tenore II.
Vereint, ver-eint er-tö-ne jetzt aus unsrem Munde,
Basso I.
Vereint, ver-eint er-tö-ne jetzt aus unsrem Munde,
Basso II.
Vereint, ver-eint er-tö-ne jetzt aus unsrem Munde,
Vl. I.
Vl. II.
Vla.
Vcl. e Basso.
p
mf

Fl.

Ob.

Clar. C.

Fag.

Cor. C.

Tr. C.

Timp.

tön' aus uns_rem Mun_de des Frie_dens ho_her Ge_sang, der Freu_ _de des

tön' aus uns_rem Mun_de des Frie_dens ho_her Ge_sang, der Freu_ _de des

tön' aus uns_rem Mun_de des Frie_dens ho_her Ge_sang, der Freu_ _de des

er_ _tön' aus uns_rem Mun_de des Frie_dens ho_her Ge_sang, der

er_ _tön' aus uns_rem Mun_de des Frie_dens ho_her Ge_sang, der

er_ _tön' aus uns_rem Mun_de des Frie_dens ho_her Ge_sang, der

er_ _tön' aus uns_rem Mun_de des Frie_dens ho_her Ge_sang, der

Vl. I.

Vl. II.

Vla.

Vcl. e Basso.

Fl.
Ob.
Clar. C.
Fag.
Cor. C.
Tr. C.
Timp.
tr
mf
cresc.
ff
f
(Cadolt kommt
Friedensfreundlich ho - - - - - her Ge - sang.
Friedensfreundlich ho - - - - - her Ge - sang.
Friedensfreundlich ho - - - - - her Ge - - sang.
Friedensfreund-lich ho - - - - - her Ge - - sang.
Friedensfreund-lich ho - - - - - her Ge - sang.
Friedensfreundlich ho - - - - - her Ge - sang.
Friedensfreundlich ho - - - - - her Ge - sang.
Vl. I.
Vl. II.
Vla.
Vcl. e Basso.

Recitativo.

Fl. Ob. Clar. C. Fag. Cor. C.

vor sich hinbrütend, ihm folgt **Admund.**)

Cadolt.

Sie sind vermählt, vermählt – Was kümmert's mich? Vermählt! –

colla parte

Vl. I. Vl. II. Vla. Vcl. e Basso.

espress.

Admund.

Du bist nicht froh, o Herr!

Cad.

War-um, war-um kam ich hier-her, um al-les dies zu sehn!

cresc.

Adm.

Weich mir nicht aus! – ver-trau' mir, was dich quält!

Cad.

Ich weiß es nicht, mein Freund!

dim.

Ob. Clar. C. Fag. Cor. I. II. C. Adm. Cad. Vl. I. Vl. II. Vla. Vcl. Basso.

1. a 2 a 2 p espress. f trem. p (hastig)

Cad.: Doch wollt ich wohl, wir wären nie hierher ge-zo-gen!- Dies Fest-

Adm.: Du trauest Hadmar nicht?

Cad.: Warum doch, Freund?

Maestoso.

Adm.: Dein Va-ter schloß nach langem Streite

f tr fp trem.

Adm.
Hoch_zeitfest; doch der, vom Al_ter schon ge_drückt, schickt dich statt sei_ner her- und dir droht der Ver-
Vl. I.
Vl. II.
Vla.
Vcl.
Basso.
Adm.
rat, der dei_nem Va_ter be_rei_tet ist!
Cad.
Ver_rat? Den fürcht' ich
Ob.
Clar. C.
Fag.
Cor. I. II. C.
Cad.
nicht; vom Haß ist leer mein Bu_sen; doch et_was and'res, ach! hat ihn er-

Allegro maestoso.
Fl.
Ob.
Clar. C.
Fag.
Cor. C.
Tr. C.
Timp.
p
cresc.
più f
ff
f
(Hadmar tritt mit Ada, Arindal, Lora und Harald, nebst Gefolge im festlichen Zuge auf. Bewillkommnungen.)
Cad.
setzt!
CORO.
Soprano.
Alto.
Tenore.
Basso.
Vl. I.
Vl. II.
Vla.
Vcl. e Basso.
Allegro maestoso.

Fl.
Ob.
Clar. C.
Fag.
Cor. C.
Tr. C.
Timp.
Seht, o seht, dort na-het schon in Ju-gendfülle und hoher Pracht, neu vermählt das ed-le Paar, in
Seht, o seht, dort na-het schon in Ju-gendfülle und hoher Pracht, neu vermählt das ed-le Paar, in
Seht, o seht, dort na-het schon in Ju-gendfülle und hoher Pracht, neu vermählt das ed-le Paar, in
Seht, o seht, dort nahet schon in Ju-gendfülle und hoher Pracht, neu vermählt das ed-le Paar, in
Vl. I.
Vl. II.
Vla.
Vcl. e Basso.

Fl.
Ob.
Clar. C.
Fag.
Cor. C.
Tr. C.
Timp.
f
Lieb' und e - wiger Treu vereint. Preis dir, der Schönsten al - ler Schönen, Preis dir, dem E - delsten der
Lieb' und e - wiger Treu vereint. Preis dir, der Schönsten al - ler Schönen, Preis dir, dem E - delsten der
Lieb' und e - wiger Treu vereint. Preis dir, dem E - delsten der Ed - len! Preis
Lieb' und e - wiger Treu vereint. Preis dir, dem E - delsten der Ed - len! Preis
Vl. I.
Vl. II.
Vla.
Vcl. e Basso.

Fl.
Ob.
Clar. C.
Fag.
Cor. C.
Tr. C.
Timp.
f
f sempre
tr
Ed_len, Preis dir! Preis dir!
Ed_len, Preis dir! Preis dir!
dir, der Schönsten al_ler Schönen Preis dir!
dir, der Schönsten al_ler Schö_nen Preis dir!
Vl. I.
Vl. II.
Vla.
Vcl. e Basso.

Fl.
Ob.
Clar. C.
Fag.
Cor. C.
Tr. C.
Timp.
Vl. I.
Vl. II.
Vla.
Vcl. e Basso.
f

Recitativo.
Ob.
Clar. C.
Fag.
Cor. I. II. C.
Ada (erblickt Cadolt).
Mein Gat - te, sprich, wer ist der frem - de
Arindal.
Vl. I.
Vl. II.
Vla.
Vcl. e Basso.
Ada.
Mann?
Ar.
Ca - dolt ist's, Mo - rars Sohn, vor kur - zem noch mein Feind, doch jetzt für E - wig - keit mein

Septetto.

Adagio molto.

Fl.

Ob.

Clar. C.

Fag.

Cor. C.

Tr. C.

Timp.

Ada.

Lora.

Ver - eint sind sie in — Lieb' und Treu', ver - eint im Schutz des e - wigen

Arindal.

Harald.

Admund.

Trau' ihnen nicht, ich kann's nicht glauben, daß man es red - lich mit uns

Cad.

nimmer dies Fest ge - sehn! dies Fest verspottet meine Schmerzen, der

Had.

Strei - tes Ziel und En - de, dies Fest, der Lie - be nur ge - weiht sei

Vl. I.

Vl. II.

Vla.

Vcl.

Basso.

p *dolce*

Fl.
Ob.
Clar. C.
Fag.
Cor. C.
Tr. C.
Timp.
Ada.
Lora.
Frie - dens sei e - wig ru - hig denn, mein Herz, ihr hohes Glück sei stets dir hei -
Ar.
O
Har.
Adm.
meint; Ver - rat seh' ich wo - hin ich blicke, und Mein - eid höh - net uns - rer
Cad.
Ju - bel höhnt frech mei - ne Qual, der Ju - bel höh - net frech mei - ne Qual, verhöhnet mei - - ne
Had.
auch des Strei - tes Ziel, des Strei - tes Ziel und
Vl. I.
Vl. II.
Vla.
Vcl.
Basso.

Fl.
p dolce
Ob.
p dolce
Clar. C.
Fag.
p
Cor. C.
Tr. C.
p
Timp.
p
Ada.
Wie wunderbar und un-be-greif-lich er-
Lora.
lig; Sei e-wig
Ar.
ho-hes Glück, du bist er-reicht, was ich er-sehnte, was ich hoff-te, der
Har.
Trau' ihnen nicht, ich kann's nicht glauben, daß man es red-lich mit uns meint; Ver-
Adm.
Treu-e, höh-net uns-rer Treu; wo-hin ich blicke seh' ich Verrat,
Cad.
Qual! O hätt' ich nim-mer dies Fest ge-se-hen!
Had.
End'; dies Fest der Lie-be nur ge-weiht, sei
Vl. I.
p dolce
Vl. II.
p
Vla.
p
Vcl.
Basso.

Fl.

Ob.

Clar. C.

Fag.

Cor. C.

Tr. C.

Timp.

Ada. scheint mir sei - ne Ge - genwart; wie ahnungsvoll und, oh, wie

Lora. ru - hig denn, mein Herz, sei e - wig ru - hig mein Herz; sei

Ar. lang ge - pflegten Lie - be Lohn ist Über - glück - lichem mir ver - lieh'n; der lang ge -

Har. rat seh'ich wohin ich blicke, und Mein - eid höh - net uns - rer Treu;

Adm. seh' ich Verrat, Ver - rat, Ver - rat;

Cad. Oh, hätt' ich nim - mer dies Fest ge - seh'n, oh,

Had. auch des Streites Ziel und En - de, des Strei - tes Ziel und End';

Vl. I.

Vl. II.

Vla.

Vcl.

Basso.

Fl.
Ob.
Clar. C.
Fag.
Cor. C.
Tr. C.
Timp.

Ada. ängst - lich er-faßt sein We - sen mich, sein Blick! Wie

Lora. e - wig ru - hig, ru - hig denn mein Herz. Ihr ho - hes Glück sei

Ar. pfleg - ten Lie - be Lohn ist mir — ver - lieh'n, der lang ge - pfleg - ten

Har. und Mein - eid höh - net uns - rer Treu'! Ver - rat seh'

Adm. und Mein - eid höh-net uns-rer Treu'! Ver - rat seh' ich, wo -

Cad. hätt' ich nie dies Fest ge - seh'n, oh wär' ich nimmer hier her - ge - zogen, oh wär' ich

Had. des Strei - tes Ziel und End'; dies Fest der Lie - be

Vl. I.
Vl. II.
Vla.
Vcl.
Basso.

Fl.
Ob.
Clar. C.
Fag.
Cor. C.
Tr. C.
Timp.
Ada.
ah - nungsvoll, und, oh, wie ängstlich er-faßt sein We - sen mich,
Lora.
stets dir hei-lig, ihr ho - hes Glück sei stets dir heilig, sei stets dir
Ar.
Lie - be Lohn ist, Ü - ber - glück - lichem, mir ver - liehn, ist
Har.
ich wo - hin ich blik - ke und Mein - eid, Mein - eid höh - - - net
Adm.
hin ich blicke, und Meineid höh - net uns - rer Treu', ja höh - - - net
Cad.
nie hierher ge - zogen, oh hätt' ich nim - mer dies Fest, dies
Had.
nur geweiht, sei auch des Strei - tes Ziel und En - de des Strei - - - tes
Vl. I.
Vl. II.
Vla.
Vcl.
Basso

Fl.
Ob.
Clar. C.
Fag.
Cor. C.
Tr. C.
Timp.
Ada.
erfaßt sein Wesen mich, sein Blick; erfaßt sein Wesen mich, sein Blick.
Lora.
hei - - - - lig, sei stets mir hei - - - lig.
Ar.
mir ver - lieh'n, ist mir ver - lieh'n.
Har.
uns - rer Treu', ja höh - net uns - rer Treu'!
Adm.
uns - rer Treu', ja höh - net uns - rer Treu'!
Cad.
Fest ge - seh'n, oh hätt' ich nimmer dies Fest ge - seh'n, dies Fest ge - seh'n!
Had.
Ziel und End', des Strei - tes Ziel und End'.
Vl. I.
Vl. II.
Vla.
Vcl.
Basso

Allegro maestoso.
Fl.
Ob.
Clar. C.
Fag.
Cor. C.
Tr. C.
Timp.
più f
cresc.
ff
f
CORO.
Soprano I.
Soprano II.
Alto.
Tenore I.
Tenore II.
Basso I.
Basso II.
Ver - eint, ver - eint er - tö - ne
Vl. I.
Vl. II.
Vla.
Vcl. e Basso.
Allegro maestoso.

Fl.
Ob.
Clar. C.
Fag.
Cor. C.
Tr. C.
Timp.
f
jetzt aus uns - rem Munde, er - tön' aus uns - rem Mun - de des Frie - dens ho - her Ge-
jetzt aus uns - rem Munde, er - tön' aus uns - rem Mun - de des Frie - dens ho - her Ge-
jetzt aus uns - rem Munde, er - tön' aus uns - rem Mun - de des Frie - dens ho - her Ge-
jetzt aus uns - rem Munde, er - tön' aus uns - rem Mun - de des
jetzt aus uns - rem Munde, er - tön' aus uns - rem Mun - de des
jetzt aus uns - rem Munde, er - tön' aus uns - rem Mun - de des
jetzt aus uns - rem Munde, er - tön' aus uns - rem Mun - de des
Vl. I.
Vl. II.
Vla.
Vcl. e Basso.

Fl.
Ob.
Clar. C.
Fag.
Cor. C.
Tr. C.
Timp.
sang, der Freu - - de des Friedens freundlich ho - - - - - -
sang, der Freu - - de des Friedens freundlich ho - - - - - -
sang, der Freu - - de des Friedens freundlich ho - - - - - -
Frie - dens ho - her Ge - sang, des Friedens freund - lich ho - - - - - -
Frie - dens ho - her Ge - sang, des Friedens freund - lich ho - - - - - -
Frie - dens ho - her Ge - sang, des Friedens freundlich ho - - - - - -
Frie - dens ho - her Ge - sang, des Friedens freundlich ho - - - - - -
Vl. I.
Vl. II.
Vla.
Vcl. e Basso.

Fl.
Ob.
Clar. C.
Fag.
Cor. C.
Tr. C.
Timp.
her Ge - sang.
her Ge - sang.
her Ge - sang.
her Ge - sang.
her Ge - sang.
her Ge - sang.
her Ge - sang.
Vl. I.
Vl. II.
Vla.
Vcl. e Basso.

Fl.
Ob.
Clar. C.
Fag.
Cor. C.
Tr. C.
Timp.
Vl. I.
Vl. II.
Vla.
Vcl. e Basso.

Richard Wagners
Werke

Richard Wagners Werke

Musikdramen – Jugendopern – Musikalische Werke

herausgegeben

von

Michael Balling

XIII

Die Feen

Verlag von Breitkopf & Härtel in Leipzig

Berlin · Brüssel · London · New York

Die Feen

Romantische Oper in drei Akten

von

Richard Wagner

Partitur

Verlag von Breitkopf & Härtel in Leipzig

Berlin • Brüssel • London • New York

Vorwort

Richard Wagner war ſchon in ſeiner Jugend ein großer Kenner und Bewunderer E. T. A. Hoffmanns; durch dieſen wurde er auf die dramatiſchen Märchen von Gozzi hingewieſen, unter denen ihn „Die Frau als Schlange“ (la Donna ſerpente) zur dramatiſchen Geſtaltung anregte. Die letzten Monate des Jahres 1832 darf man wohl als Zeitraum für dieſen Geſtaltungsprozeß annehmen. Zu Anfang des Jahres 1833 machte ſich Wagner von Leipzig auf, um ſeinen Bruder Albert in Würzburg zu beſuchen, der am dortigen Theater als Tenoriſt, Schauſpieler und Regiſſeur tätig war. Ein günſtiges Geſchick wollte es, daß gerade um die Zeit von Wagners Ankunft die Stelle des Chordirektors am Theater unbeſetzt war, und ſo kam es, daß der beabſichtigte Beſuch ſich zu einem an Erfahrung und Bühnenkenntnis inhaltsreichen und bedeutungsvollen Lebensjahr geſtaltete. Durch die Vermittlung ſeines Bruders gelang es, daß Wagner die Chordirektorſtelle erhielt und „aus Gefälligkeit im Würzburger Theater die Chöre einſtudierte, und dabei oft mit auf das Studium der ganzen Oper wirkte“. Der materielle Gewinn war ein ſehr beſcheidener (10 Gulden monatlich), aber für die Entwicklung des Dramatikers Wagner dürfte die Würzburger Zeit von großer Bedeutung geweſen ſein, denn hier legte er den Grund zu ſeiner außerordentlichen Kenntnis und Erfahrung der möglichen Unmöglichkeiten und unmöglichen Möglichkeiten, welche die Befaſſung mit dem Theater einerſeits ſo dämoniſch anziehend und andrerſeits ſo abſtoßend geſtaltet; auch der Verkehr mit dem Bruder Albert war von Wichtigkeit für den jungen Meiſter. Dies geht deutlich aus den Briefen Wagners hervor, in denen er ſich über ſeinen Würzburger Aufenthalt äußert und ſpeziell auf „Die Feen“ zu ſprechen kommt. Die Feen entſtanden in dem kurzen Zeitraum von 9—10 Monaten; im Januar 1833 traf Wagner in Würzburg ein, im Januar 1834 reiſte er mit der vollſtändigen Partitur nach Leipzig zurück; wenn man bedenkt, daß er kurz nach ſeinem Eintreffen bis Ende April 1833 und beim Beginn der neuen Spielzeit, im September desſelben Jahres, das Amt des Chordirektors im Theater ausübte und nebenbei eifrigſt mit den Konzerten des Muſikvereins ſich befaßte (er ſchrieb auch ein Schlußallegro zu der Arie des Aubry in Marſchners Vampyr für ſeinen Bruder, im September), ſo dürfte er kaum mehr als die oben angegebene Zeit für die Schöpfung der Feen gebraucht haben. — Am 6. Auguſt 1833 war der erſte Akt in Partitur beendet, am 1. Dezember der zweite und am 1. Januar 1834 ſchrieb er die letzte Note an der Partitur des dritten Aktes. Die Ouvertüre trägt als Schlußdatum den 27. Dezember 1833. Bald nach Vollendung ſeines Werkes begab ſich Wagner zurück nach Leipzig in der Hoffnung dasſelbe dort bald aufgeführt zu ſehen; dieſer Wunſch ging jedoch nicht in Erfüllung, hauptſächlich wohl wegen der abfälligen Beurteilung, die ſeinem Werke von ſeiten des Regiſſeurs Franz Hauſer zuteil ward; erſt viel ſpäter, mehrere Jahre nach des Meiſters Tode, fand die erſte Aufführung ſtatt und zwar am 23. Juli 1888 im Hoftheater zu München. Hermann Levi war es, der nach eingehendem Studium der Partitur ſofort den großen Wert, nicht nur in kunſt- und kulturhiſtoriſcher Beziehung, ſondern auch als Kunſtwerk an ſich erkannte, und die Feen aus ihrem langen Märchenſchlaf erweckte. Durch eine muſterhafte Aufführung erzielte er einen ſo großen Erfolg, daß die Oper bis zu ſeinem Abgang (1895) immer die gleiche Anziehungskraft ausübte. (Es fanden weit über 50 Aufführungen unter Levis Leitung ſtatt.) Hermann Levi war es auch, der einen Klavierauszug (als Weihnachtsgabe für Wahnfried) verfertigte und denſelben bei K. Ferd. Heckel, Mannheim drucken ließ. — Die vielen kleinen Ergänzungen und Umänderungen in der Inſtrumentation und den dynamiſchen Vortragszeichen (auch in den Geſangspartien iſt einiges geändert), die ſich für die Aufführung als notwendig und vorteilhaft erwieſen, füge ich als Anhang bei. Einen großen Teil dieſer Leviſchen dynamiſchen Vortragszeichen habe ich in der geſtochenen Partitur ohne weiteres beibehalten, weil ſie abſolut ſinngemäß ſind, alle Hinzufügungen, Auslaſſungen und Umänderungen von Noten uſw. habe ich in den Anhang verwieſen. — Ich enthalte mich mit voller Abſicht jeder „kritiſchen Betrachtung“ des Werkes, weil eine ſolche an dieſer Stelle nach meinem Empfinden nicht am Platze iſt.

Februar, 1912

Michael Balling

Die Feen

Romantische Oper in drei Akten

von

Richard Wagner

Inhalt

Akt I

Akt II

Akt III

Personen der Handlung

Der Feenkönig	Baß	Drolla, Loras Begleiterin	Sopran
Ada, eine Fee	Sopran	Gernot, im Dienste Arindals	Baß
Zemina } Feen	Sopran	Gunther, am Hofe von Tramond	Tenor
Farzana } Feen	Mezzosopran	Harald, Feldherr im Heere Arindals	Baß
Arindal, König von Tramond	Tenor	Ein Bote	Tenor
Lora, seine Schwester	Sopran	Die Stimme des Zauberers Groma	Baß
Morald, ihr Geliebter	Bariton	Die beiden Kinder Arindals und Adas	

Chor der Feen. Chor der Gefährten Moralds. Chor des Volkes. Chor der Krieger. Chor der Erdgeister.
Chor der ehernen Männer. Chor der unsichtbaren Geister Gromas.

Schauplatz der Handlung

Erster Akt. Feengarten. Wilde Einöde mit Felsen. Reizender Feengarten, im Hintergrunde ein glänzender Feenpalast.

Zweiter Akt. Vorhallen eines Palastes in der Hauptstadt des Reiches Arindals.

Dritter Akt. Festliche Halle mit Thron. — Furchtbare Kluft des unterirdischen Reiches. — Ein anderer Teil des unterirdischen Reiches. — Herrlicher Feenpalast von Wolken umgeben.

Instrumente des Orchesters

Streichinstrumente: erste und zweite Violinen (V. I, V. II), Bratschen (Br.), Violoncelle (Vc.), Kontrabässe (Kb.).

Holzblasinstrumente: 1 kleine Flöte (kl. Fl.), 2 große Flöten (gr. Fl.), 2 Hoboen (Hb.), 2 Klarinetten (Kl.), 2 Fagotte (Fg.).

Blechblasinstrumente: 4 Hörner (Hr.), 2 Trompeten (Tr.), 3 Posaunen (Pos.).

Schlaginstrumente: 1 Paar Pauken (Pk.).

Saiteninstrumente: 1 Harfe.

Dazu auf der Bühne:

2 große Flöten, 2 Klarinetten, 2 Trompeten, 4 Posaunen.

Die Feen

Romantische Oper in drei Akten

von

Richard Wagner

Ouverture.

1833-1834.

Stich und Druck von Breitkopf & Härtel in Leipzig.

Un poco meno Adagio.

Tempo I.

Fl.
Ob.
Clar. A.
Fag.
Cor. E.
Tr. E.
Tromb.
Timp.
Vl. I.
Vl. II.
Vla.
Vcl. e Basso.

Fl.
Ob.
Clar. A.
Fag.
Cor. E.
Tr. E.
Tromb.
Timp.
Vl. I.
Vl. II.
Vla.
Vcl.
Basso.

Allegro con molto fuoco.
Fl.
Ob.
Clar. A.
Fag.
Cor. E.
Tr. E.
Tromb.
Timp.
Vl. I.
Vl. II.
Vla.
Vcl.
Basso.
cresc.

Fl.
Ob.
Clar. A.
Fag.
Cor. E.
Tr. E.
Tromb.
Timp.
Vl. I.
Vl. II.
Vla.
Vcl.
Basso.
cresc.
div.
più f
ff

Fl.
Ob.
Clar. A.
Fag.
Cor. E.
Tr. E.
Tromb.
Timp.
Vl. I.
Vl. II.
Vla.
Vcl.
Basso.

Fl.
Ob.
Clar. A.
Fag.
Cor. E.
Tr. E.
Tromb.
Timp.
Vl. I.
Vl. II.
Vla.
Vcl.
Basso.
dim.
cresc.
div.
più p
1.

espress.
Fl.
Ob.
Clar. A.
pp sempre
Fag.
pp sempre
Cor. E.
pp sempre
Tr. E.
Tromb.
pp
Timp.
Vl. I.
Vl. II.
Vla.
Vcl.
Basso.
1.
p sempre
pizz.
p

Fl.
Ob.
Clar. A.
Fag.
Cor. E.
Tr. E.
Tromb.
Timp.
Vl. I.
Vl. II.
Vla.
Vcl.
Basso.
a 2
p cresc.
arco
div.
cresc.
poco f

Fl.
Ob.
Clar. A.
Fag.
Cor. E.
Tr. E.
Tromb.
Timp.
Vl.I.
Vl.II.
Vla.
Vcl.
Basso.
a 2
sempre più f
più f
mf
poco f
pp
cresc.

Fl.
Ob.
Clar. A.
Fag.
Cor. E.
Tr. E.
Tromb.
Timp.
Vl. I.
Vl. II.
Vla.
Vcl.
Basso.
a 2
div.

Fl.
Ob.
Clar. A.
Fag.
Cor. E.
Tr. E.
Tromb.
Timp.
Vl. I.
Vl. II.
Vla.
Vcl.
Basso.
p cresc.
trem.
a 2
ff
f
2

Fl.
Ob.
Clar. A.
Fag.
Cor. E.
Tr. E.
Tromb.
Timp.
Vl. I.
Vl. II.
Vla.
Vcl.
Basso.
a 2
p cresc.
f
ff
trem.
2

Fl.
Ob.
Clar. A.
Fag.
Cor. E.
Tr. E.
Tromb.
Timp.
Vl. I.
Vl. II.
Vla.
Vcl.
Basso.
espress.
p
pp
1.
trem.
cresc.
fz
p espress.

Fl.
Ob.
Clar. A.
Fag.
Cor. E.
Tr. E.
Tromb.
Timp.
Vl. I.
Vl. II.
Vla.
Vcl.
Basso.
1.
p
pp
cresc.
espress.
fz
f
trem.
p cresc.

Fl.
Ob.
Clar. A.
Fag.
Cor. E.
Tr. E.
Tromb.
Timp.
Vl. I.
Vl. II.
Vla.
Vcl.
Basso.
espress.
1. espress.
poco f
trem.
a 2
più f
ff

Fl.
Ob.
Clar. A.
Fag.
Cor. E.
Tr. E.
Tromb.
Timp.
Vl. I.
Vl. II.
Vla.
Vcl.
Basso.
a 2
4.
cresc.

Fl.
Ob.
Clar. A.
Fag.
Cor. E.
Tr. E.
Tromb.
Timp.
Vl. I.
Vl. II.
Vla.
Vcl.
Basso.
fp
cresc.
p
ff
f
a 2

Fl.
Ob.
Clar. A.
Fag.
Cor. E.
Tr. E.
Tromb.
Timp.
Vl. I.
Vl. II.
Vla.
Vcl.
Basso.
ff
f

Ob.
Clar. A.
Fag.
Cor. E.
Timp.
Vl. I.
Vl. II.
Vla.
Vcl.
Basso.
p
dim.
più p
pp
div.
trem.
Vcl. e Basso.
Fl.
Cor. I. II. E.

Fl.
Ob.
Clar. A.
Fag.
Cor. E.
Tr. E.
Tromb.
Timp.
Vl. I.
Vl. II.
Vla.
Vcl. e Basso.
pp
p
p cresc.
cresc.
f
fp

Fl.
Ob.
Clar. A.
Fag.
Cor. E.
Tr. E.
Tromb.
Timp.
Vl. I.
Vl. II.
Vla.
Vcl. e Basso.
f più f
ff
ff sempre
trem.
a 2

Più Allegro.
a 2
Fl.
ff sempre
Ob.
a 2
Clar. A.
Fag.
Cor. E.
Tr. E.
Tromb.
Timp.
Vl. I.
Vl. II.
Vla.
Vcl.
Basso.
ff
6

Fl.
Ob.
Clar. A.
Fag.
Cor. E.
Tr. E.
Tromb.
Timp.
Vl. I.
Vl. II.
Vla.
Vcl.
Basso.
Vcl. e Basso.

Fl.
Ob.
Clar. A.
Fag.
Cor. E.
Tr. E.
Tromb.
Timp.
Vl. I.
Vl. II.
Vla.
Vcl. e Basso.
Vcl.
Basso.
cresc.
a 2

Fl.
Ob.
Clar. A.
Fag.
Cor. E.
Tr. E.
Tromb.
Timp.
Vl. I.
Vl. II.
Vla.
Vcl.
Basso.
a 2

Fl.
Ob.
Clar. A.
Fag.
Cor. E.
Tr. E.
Tromb.
Timp.
Vl. I.
Vl. II.
Vla.
Vcl.
Basso.
ff
f
dim.
p
tr

I. AKT.

Introduction.

Feengarten. Chor der Feen, unter ihnen Farzana und Zemina.– Ballet.

Fl.
Ob.
Clar. A.
Fag.
Cor. E.
Vl. I.
Vl. II.
Vla.
Vcl.
Basso.
p dolce
dolce
pp
arco
p
Tr. E.
Timp.
cresc.
dim.
p cresc.

Fl.
Ob.
Clar. A.
Fag.
Cor. E.
Tr. E.
Timp.
Vl. I.
Vl. II.
Vla.
Vcl.
Basso.
dim.
p
p dolce
Chor der Feen.
Soprano I.
Soprano II.
Alto.
Schwinget euch auf,
Schwinget euch auf,
Schwinget euch auf,
pizz.
pp

Fl.
Ob.
Clar. A.
Fag.
Cor. E.
schwinget euch nie - der, glück - li - cher Fe - en zar - te Gestal - ten!
schwinget euch nie - der, glück - li - cher Fe - en zar - te Gestal - ten!
schwinget euch nie - der, glück - licher Fe - en zar - te Gestal - ten!
Vl. I.
Vl. II.
Vla.
Vcl.
Basso.
Glück - li - cher Fe - en zar - te Ge - stal - ten! Denn un - ver - gän - li - cher
Glück - li - cher Fe - en zar - te Gestal - ten! Denn un - vergän - li - cher
Glück - li - cher Fe - en zar - te Ge - stal - ten! Denn un - vergän - li - cher
arco
pp

Fl.
Ob.
Clar. A.
Fag.
Cor. E.
Schö - ne nie - ver - blü - hen - der Hauch, durch - weht - die herr - li - chen Wel - ten,
Schö - ne nie - ver - blü - hen - der Hauch, durch - weht - die herr - li - chen Wel - ten,
Schö - ne nie - ver - blü - hen - der Hauch, durch - weht - die herr - li - chen Wel - ten,
Vl. I.
Vl. II.
Vla.
Vcl. e Basso.
Fl.
Ob.
Clar. A.
Fag.
Cor. E.
Tr. E.
Timp.
at - - met froh die - ser Kreis. Schwin - get euch
at - - met froh die - ser Kreis. Schwin - get euch
at - - met froh die - ser Kreis. Schwin - get euch
Vl. I.
Vl. II.
Vla.
Vcl. e Basso.

Fl.
Ob.
Clar. A.
Fag.
Cor. E.
Tr. E.
Timp.
dim.
pp
auf, schwin_get euch nie_der, glück_li_cher Fe_en zar_te Ge_stal_ten!
auf, schwin_get euch nie_der, glück_li_cher Fe_en zar_te Ge_stal_ten!
auf, schwin_get euch nie_der, glück_li_cher Fe_en zar_te Ge_stal_ten!
Vl. I.
Vl. II.
Vla.
Vel.
Basso.
uno Viol.
sempre pp
pizz.
p

Fag.
Cor. E.
Vl. I.
Vl. II.
Vla.
Vcl.
Basso.
Fl.
Ob.
Clar. A.
Tr. E.
Timp.
Chor der Feen.
Soprano I.
Schwin_get euch auf, schwin_get euch auf!
Soprano II.
Schwin_get euch auf, schwin_get euch auf!
Alto.
Schwin_get euch auf, schwin_get euch auf!
Tutti
arco
cresc.
dim.
in B.
in C.
in Es.
in C. G.

Allegro moderato, Recitativo.
Zemina. (Farzana und Zemina treten hervor.)
Farzana.
Soll ich, wie du, mich dieser Fe-ste freu'n, da ih-re
Warum, Ze-mi-na, seh ich dich so traurig?
Vl. I.
Vl. II.
Vla.
Vcl.
Basso.
Fl.
Ob.
Fag.
Zem.
Farz.
Zier für immer bald ver-schwunden!
Schon für ver-lo-ren hältst du uns're A-da, weil sie, um den verweg-nen
Bassa.
Sterb-lichen, dem sie in tol-ler Lie-be zu-getan, für immer zu besit-zen, frei-wil-lig der Unsterblichkeit ent-sagt?
Du

Zem.
weißt, daß sie noch sterblich werden kann, da sie entsprossen zwar von einer Fee, ein Sterblicher jedoch ihr Vater ist!
Vl. I.
Vl. II.
Vla.
Vcl.
Basso.
Farzana.
Doch weißt du auch, was ihr und ih_rem Gat_ten vom Fe_en_kö_nig auf_er_
cresc.
Farz.
legt? Glaub mir, nicht kann's der Sterb_li_che er_fül_len, und Gro_ma selbst, der Zau_be_rer, sein Freund, soll wei chen uns_rer
Zemina.
Laß uns ver_eint denn streben sie zu
Macht, und dann kehrt A_da e_wig uns zurück!

Allegro con brio.
Fl.
Ob.
Clar. B.
Fag.
C.
Cor.
Es.
Tr. C.
Timp. in C. G.
Zem.
Farz.
Vl. I.
Vl. II.
Vla.
Vcl.
Basso.
retten.
Ihr Fe - en all! Ihr Gei - ster all! Ver-
Ihr Fe - en all! Ihr Gei - ster all! Ver-
nehmt was wir ver - lan - gen!
nehmt was wir ver - lan - gen!
(Die Feen und Geister versammeln sich um beide.)
Timp.

Fl.
Ob.
Clar. B.
Fag.
C.
Cor.
Es.
Tr. C.
Timp.
Zem.
Reicht Hül - fe uns zu uns'-rem Werk!
Reicht Hül - fe uns zu uns'-rem
Farz.
Reicht Hül - fe uns zu uns'-rem Werk!
Reicht Hül - fe uns zu uns'-rem
Vl. I.
Vl. II.
Vla.
Vcl.
Basso.
a 2
Werk! Den Sterb-lichen zu tren-nen von der gelieb-ten Fee!
Werk! Den Sterb-lichen zu tren-nen von der gelieb-ten Fee!

a 2
Fl.
a 2
Ob.
Clar. B.
Fag.
C.
Cor.
Es.
Tr. C.
Timp.
Zem.
Farz.
Chor der Geister und Feen.
Soprano.
Wir ge - ben Hülf' und Bei - stand euch! Un - sterblich
Alto.
Tenor.
Wir ge - ben Hülf' und Bei - stand euch! Un - sterblich
Basso.
Vl. I.
Vl. II.
Vla.
Vcl.
Basso.

Fl.
Ob.
Clar. B.
Fag.
C.
Cor.
Es.
Tr. C.
Timp.
Zem.
Farz.
Reicht Hül_fe uns zu uns'rem Werk!
soll sie bleiben, un_ sterb_ lich soll sie blei_ben! Wir hel_fen euch, wir helfen euch bei eu_rem
soll sie bleiben, un_ sterb_ lich soll sie blei_ben! Wir hel_fen euch, wir helfen euch bei eu_rem
Vl. I.
Vl. II.
Vla.
Vcl.
Basso.

Fl.
Ob.
Clar. B.
Fag.
C.
Cor.
Es.
a 2
Tr. C.
Timp.
Zem.
Reicht Hül_fe uns zu uns'rem Werk!
Den Sterb_lichen zu trennen,
Farz.
Den Sterb_lichen zu trennen,
Werk! Wir hel_fen euch, wir hel_fen euch bei eu_rem Werk, den Sterb_lichen zu
Werk! Wir hel_fen euch, wir hel_fen euch bei eu_rem Werk, den Sterb_lichen zu
Vl. I.
Vl. II.
Vla.
Vcl.
Basso.

Fl.
Ob.
Clar. B.
Fag.
C.
Cor.
Es.
Tr. C.
Timp.
Zem.
den Sterblichen zu trennen, den Sterb_lichen zu tren - - - nen, von der geliebten
Farz.
den Sterb_lichen zu trennen, den Sterb_lichen zu tren - - - nen,
trennen, den Sterb_lichen zu trennen, den Sterblichen zu trennen,
trennen, den Sterb_lichen zu trennen, den Sterblichen zu trennen,
Vl. I.
dimin.
Vl. II.
Vla.
Vcl.
Basso.

Fl.
Ob.
Clar. B.
Fag.
C. Cor. Es.
Tr. C.
Timp.
Zem.
Fee, von der geliebten Fee, von der gelieb-ten
Farz.
von der geliebten Fee, von der geliebten Fee, von der gelieb-ten
den Sterb-li-chen zu trennen, von der ge-lieb-ten Fee, von der gelieb-ten
den Sterb-li-chen zu trennen, von der ge-lieb-ten Fee, von der gelieb-ten
Vl. I.
Vl. II.
Vla.
Vcl.
Basso.

Fl.
Ob.
Clar. B.
Fag.
C.
Cor.
Es.
Tr. C.
Timp.
Zem.
Fee! Reicht Hül-fe uns zu uns'- rem Werk!
Reicht Hül-fe uns
Farz.
Fee!
Reicht Hül-fe uns zu uns'- rem Werk,
Fee! Wir helfen euch, bei eu-rem Werk, wir helfen
Fee! Wir helfen euch, bei eu-rem Werk, wir helfen
Vl. I.
Vl. II.
Vla.
Vcl.
Basso.

Fl.
Ob.
Clar. B.
Fag.
C.
Cor.
Es.
Tr. C.
Timp.
Zem.
Farz.
Vl. I.
Vl. II.
Vla.
Vcl.
Basso.
più f
ff
f
zu uns'rem Werk,
den
Sterb_lichen zu
trennen!
euch
bei eurem
Werk,
den
Sterb_lichen zu
tren_ _ _ nen!

Verwandlung.

Scene und Recitativ.

Wilde Einöde mit Felsen. **Gernot** kommt von der einen, **Morald** und **Gunther** von der andern Seite.

Gun.
Mor.
Gern.
Er_zäh_le du, wie dir's er_gan_gen ist!
Ja, Ger_not, mel_de ei_lig mir, wo ist dein Herr, wo
her?
Vl. I.
Vl. II.
Vla.
Vcl. e Basso.
Ob.
Fag.
A_rin_dal?
Von uns_rer Hei_mat komm' ich her, wo al_les trau_rig ich ge_las_sen. Der greise Kö_nig starb da_
hin, aus Gram um den verschwund'nen Sohn, der wilde Murold, unser Feind, ver_wüstet fürchterlich das Reich, begehrt die Schwester A_rin_
Adagio.
colla parte
Allegro.
Clar. B.
Cor. Es.
dal's, die heißge_liebte teu_re Lo_ra!
Das einz'ge Mit_tel ist ge_blieben, ihn, der jetzt König ist zu
Vcl.
Basso.

Ob.
Clar. B.
Fag.
C.
Cor.
Es.
Tr. C.
Timp.
Mor.
suchen, und da_zu bot Gro _ ma uns die Hand, er, der seit al_ten Zei_ten her, Be_schüt_zer ist des Kö_nigs-
Vl. I.
Vl. II.
Vla.
Vcl. e Basso.
Moderato.
Fag.
Cor. Es.
Gunther.
Er_zäh_le Freund, er_zäh_le uns!
Mor.
stamm's; er lehrt'uns A_rindal zu finden.
Doch sa_ge du, was ist geschehn!
Gernot.
Nun
Vl. I.
Vl. II.
Vla.
Vcl. e Basso.
Recit.
Allegro.
Cor. Es.
Gern.
denn! so hört mir bei_de zu! Ihr wißt, schon ist's acht Jahre her, daß ich mit A_rindal verschwand;-
Vl. I.
Vl. II.
Vla.
Vcl.
Basso.

Recit.
Cor. Es.
Gern.
Zum Jagen zogen wir hinaus, und schon begann die Nacht zu dämmern, als ei_ne Hirschin sich uns zeigte, so schön, als nimmer man ge_
Vl. I.
Vl. II.
Vla.
Vcl.
arco
Basso.
Allegro.
Recit.
Fl.
Ob.
Clar. B.
Fag.
Cor. Es.
Gern.
seh'n.
Der jagte A_rindal nun nach mit un_er_müd_lichem Be_streben, und als er nimmer sie er_
Vl. I.
Vl. II.
Vla.
Vcl. e Basso.
Fl.
Ob.
Clar. B.
Fag.
C.
Cor.
Es.
Gern.
reichte, ge_langten wir an ei_nen Fluß, in dem die Hirschin uns entschwand.
Verzweiflungsvoll stand A_rin_
Vl. I.
Vl. II.
Vla.
Vcl. e Basso.

Moderato.
Fl.
Ob.
Clar. B.
Fag.
Cor. Es.
Gern.
dal, bis ei_ne Stimme wir ver_nahmen, die mit entzückend hol_dem Klang, den Kö_nig mächtig nach sich
Vl. I.
Vl. II.
Vla.
pizz.
Vcl.
Basso.
p dolce
a 2
Recit.
C.
Cor.
Es.
Timp.
Gunther.
Un_
zog. Da sprang er plötzlich in die Fluten, und ich, als treuer Diener, nach.
arco
pizz.

Gun. glaublich!

Morald. Fah-re fort mein Freund!

Gern. Ich glaubte mich für schon ge-storben, doch als ich endlich mich ge-faßt, war ich in einem schönen

Vl. I. arco f p — Vl. II. arco f p — Vla. arco f p — Vcl. e Basso. f p

Gern. Schloß, und A-rin-dal lag hin-ge-gossen zu ei-nes schö-nen Wei-bes Fü-ßen, sie sprach zu ihm hin-ab-ge-wandt:

Moderato.

Vl. I. p — Vl. II. p — Vla. p — Vcl. e Basso. p

Gern. „ich lie-be dich, wie du mich liebst, doch eh' ich ganz dein ei-gen bin, hast du noch viel zu ü-ber-steh'n; vor Al-lem magst acht Jahre

Vl. I. pp cresc. — Vl. II. pp cresc. — Vla. pp cresc. — Vcl. e Basso. pp cresc.

Gern. lang du nim-mer fra-gen wer ich sei!" Trotz meinem größ-ten Wi-der-stre-ben, ging A-ren-dal das Bünd-nis

Vl. I. f — Vl. II. f — Vla. f — Vcl. e Basso. f

Allegro.

Gern. ein!

Recit.

Wer sie ge-traut, ich weiß es nicht, doch schon zwei Kin-der zeug-ten

Vl. I. f p — Vl. II. f p — Vla. f p — Vcl. e Basso. f p

Allegro.
Recit.
Fl
Ob.
Clar. B.
Fag.
Cor. Es.
Gern.
sie!
Acht Jahre flossen so da_hin, und ob ich schon nach Haus mich sehnte, lebt' ich in Freud' und
Vl. I.
Vl. II.
Vla.
Vcl. e Basso
Gern.
Herrlichkeit, bis gestern der verliebte Prinz, von hef_ti_ger Be_gier ge_trieben, in sei_ne Gat_tin drang, zu sagen, wer und woher sie
Vl. I.
Vl. II.
Vla.
Vcl. e Basso.
Allegro.
Recit.
Fl.
Ob.
Clar. B.
Fag.
C.
Cor.
Es.
Tr. C.
Timp.
dim.
Gern.
sei?
Da hör_ten plötz_lich Don_ner wir er_
Vl. I.
Vl. II.
Vla.
Vcl. e Basso.

Andante.
Timp.
Gern.
schallen, verschwunden war sie, und mit ihr das Schloß! und ih_re Die_ne_rin_nen!
Vl. I.
Vl. II.
Vla.
Vcl. e Basso.
pizz.
arco
In die_se ö_de Fel_sen_ge_gend sind wir ver_setzt, und A_rin_dal sucht in Ver_zweif_lung sei_ne
Allegro.
Recit.
Fl.
Ob.
Clar. B.
Fag.
C.
Cor.
Es.
Gunther.
O Wun_der ü_ber al_le Wun_der!
Gat_tin!
Doch, sa_get end_lich denn auch

Gun.
Morald.
Sie lebt, und wei_net oft um dich!
und daß du bald sie wieder siehst, muß A_rin_dal mit dir uns
Gern.
mir, lebt mei_ne lie_be Drol_la noch?
Vl. I.
Vl. II.
Vla.
Vcl. e Basso.
Mor.
fol_gen!
So ei_len wir von hier hin_
Gern.
O seht, o seht, dort naht er schon! wie ein Be_sess'ner sieht er aus!
(Indem er mit Gernot und Gunther abgeht, die letzten Worte hinter der Bühne.)
weg, und du verschweig' ihm uns're Ge_gen_wart; denn wis_se, Gro_ma lehr_te uns, wie wir von hier hin_
Allegro agitato.
Fl.
Ob.
Clar. B.
Fag.
Cor. Es.
weg-

Fl.
Ob.
Clar. B.
Fag.
C.
Cor.
Es.
Tr. C.
Timp.
Vl. I.
Vl. II.
Vla.
Vcl. e. Basso.
p cresc.
a 2
Arie.
L'istesso tempo.
colla parte
a tempo
più f
ff
Arindal.
(während des ersten Taktes kommt Arindal)
ad lib.
Wo find' ich dich, wo wird mir Trost?
Vcl.
Basso.

colla parte

a tempo

Fl.
Ob.
Clar. B.
Fag.
C. Cor. Es.
Tr. C.
Timp.
Ar.
Vl. I.
Vl. II.
Vla.
Vcl.
Basso.

Entfloh'n bist du, und all mein Glück mit dir! In je-de Ge-gend,

Fl.
Ob.
Clar. B.
Fag.
C. Cor. Es.
Tr. C.
Timp.
Ar.
Vl. I.
Vl. II.
Vla.
Vcl. e Basso.

in je-den Raum hab' ich mein spä-hend Au-ge ge-rich-tet, in je-des Tal, auf je-de

Fl.
Ob.
Clar. B.
Fag.
C.
Cor.
Es.
Tr. C.
Timp.
Ar.
Hö - he drang meiner glüh'n - den Sehn - sucht Seuf - zer!
Weh mir, ver - ge - bens all' Be - mü - hen! Die
Vl. I.
Vl. II.
Vla.
Vcl. e Basso.
a 2
Wild - nis tönt von ihrem Na - men, das Echo spottet meiner Qual;
nur A - da, A - da ruft es aus!

Recit. poco rit. poco Adagio. colla parte

Fl. Ob. Clar. B. Fag. Cor. Es. Ar. Vl. I. Vl. II. Vla. Vcl. Basso.

f dim. *p* *ff* *dim.* *pp* *p espress.*

ad lib. Adagio

Und keine Ant-wort nennet A-rindal! Dein Au-ge leuchtet mir nicht

a tempo colla parte a tempo

mehr! Dein Busen, ach! erwärmt mich nicht! Kein

Ar. Vl. I. Vl. II. Vla. Vcl. Basso.

p espress. *pp* div.

colla parte a tempo colla parte a tempo

Fl. Ob. Fag. Cor. C. Ar. Vl. I. Vl. II. Vla. Vcl. e Basso.

p *pp* 1.

Kuß, stillt meiner Lippe Durst! Dein Arm umfängt mich nimmer-mehr, nur

colla parte
Allegro.
colla parte
Allegro.
Fl.
Ob.
Clar. B.
Fag.
C.
Cor.
Es.
Tr. C.
Timp.
Ar.
Todeskäl_te haucht mich an! Weh mir!
War Al_les denn ein Traum!
Vl. I.
Vl. II.
Vla.
Vcl.
Basso.
Allegro molto e agitato.
Ob.
Clar. B.
Fag.
C.
Cor.
Es.
Ar.
Wo bist du, ach, wo
Vl. I.
Vl. II.
Vla.
Vcl.
Basso.
p cresc.

Fl.
Ob.
Clar. B.
Fag.
C.
Cor.
Es.
Ar.
bist du, wo weilst du fern von mir? Wo-hin send' ich den Blick, der dich er-rei-chen soll? Wo-
Vl. I.
Vl. II.
Vla.
Vcl.
Basso.
hin! Wo-hin send' ich den Blick, der dich er-rei-chen soll?

Clar. B.
Cor. Es.
Ar.
Vl. I.
Vl. II.
Vla.
Vcl. e Basso.
p dolce
p sempre
Bei dir ist mei - - ne Son - ne, bei dir al -
Vcl.
Basso.
cresc.
lein ist Le - - ben; doch fern von dir ist Tod, und
Fl.
Ob.
Fag.
C. Cor. Es.
Tr. C.
Timp.
grau - - sen - vol - - le Nacht! Ach! laß mich das Le - ben fin - den, laß

Fl.
Ob.
Clar. B.
Fag.
C.
Cor.
Es.
Tr. C.
Timp.
Ar.
Vl. I.
Vl. II.
Vla.
Vcl. e Basso.
cresc.
mich das Le_ben fin_den, lös' mich von To_des_angst, lös'
mich von To_desangst! Wo bist du? Wo bist du? Wo bist du, ach, wo bist du, wo weilst du

Fl.
Ob.
Clar. B.
Fag.
Cor Es.
Ar.
fern von mir? Wo bist du? Wo bist du? Wo bist du, ach, wo bist du?
Vl. I.
Vl. II.
Vla.
Vcl. e Basso.
cresc.
Più stretto.
C.
Cor.
Es.
Tr. Es.
Timp.
Wo bist du, ach! wo wei - - lest du?
Vcl.
Basso.

Fl.
Ob.
Clar. B.
Fag.
C.
Cor.
Es.
Tr. C.
Timp.
Ar.
Vl. I.
Vl. II.
Vla.
Vcl. e Basso.
staccato
cresc.
a 2
O en-de, en-de mei-ne Qual, und nimm mich auf zu dir, und nimm mich auf zu
dir! O ende mei - ne Qual, und nimm mich auf zu dir, o en-

Fl.
Ob.
Clar. B.
Fag.
C.
Cor.
Es.
Tr. C.
Timp.
Ar.
Vl. I.
Vl. II.
Vla.
Vcl. e Basso.
cresc.
a 2
mf
f
fp
p
de mei ne Qual, und nimm mich auf zu dir!
Vcl.
Basso.
p dim.
dim.
pp dim.
muta in E. H.

Recitativ und Romanze.

Ar.
Gern.
Vl.I.
Vl.II.
Vla.
Vcl.e Basso.
Du Lä_stermaul!
Deshalb verließt ihr Reich und Land, weil ihr in eine Hirschkuh euch ver_liebt?
Ja, wie ihr sie nachher gesehn,
Andante.
O die_se Schönheit al_so zu ver_höh_nen!
das war nur Lug und Trug!
O wel_che Schönheit, nächstens
colla parte
Du reizest meinen Zorn!
seh' ich euch wohl selbst, mit einem stattlichen Ge_weih!
Auf einen Hirsch darf ich nun nicht mehr ja_gen, denn wer
Halt ein, du fre_cher Bursch! Zu meiner Qual kann deiner Scherze
steht da_für, daß so 'nen Kö_nig ich er_le_ge?
Roh_heit nim_mer passen!
Was soll dies hier?
Habt von der Dil_no_vaz ihr schon ge_hört?
Hört

Allegro molto.
Fl.
Ob.
Fag.
Cor. E.
Tr. E.
Timp.
in E. H.
f dim.
p
più p
Gern.
zu, ich will's er - zählen!
(Arindal sinkt erschöpft auf einen Felsenblock.)
Vl. I.
Vl. II.
Vla.
Vcl.
Basso.
mf
Romanze.
Andantino quasi allegretto.
a 2
fp
sf
pp
pizz.

Fl.
Ob.
Fag.
Cor. E.
Tr. E.
Timp.
Gern.
War einst 'ne bö - se He - xe wohl, Frau Dil - no - vaz ge - nannt, die war so häß - lich und so
Vl. I.
Vl. II.
Vla.
Vcl.
Basso.
arco
pizz.
espress.
a 2
alt, als es nur je be - kannt!
Doch

Fl. picc.
Fl.
Ob.
Fag.
Cor. E.
Tr. E.
Timp.
Gern.
trug sie einen Ring am Fin - ger, der mach - te jung und schön, als hät-te man in sei-nem Le-ben nichts
Vl. I.
Vl. II.
Vla.
Vcl.
Basso.
Fl. picc.
Fl.
Ob.
Fag.
Cor. E.
Tr. E.
Timp.
Gern.
schö - ne-res ge-sehn.
Vl. I.
Vl. II.
Vla.
Vcl.
Basso.

Fl. picc.
Fl.
Ob.
Fag.
a 2
Cor. E.
1.2.
Tr. E.
Timp.
Gern.
Sie kam zu ei_nem Kö_nig so, be_tört ihn all_zu_mal, er mach_te sie zur Kö_nigin, er
Vl. I.
Vl. II.
Vla.
Vcl.
Basso.
pizz.
Fl. picc.
Fl.
1.
Ob.
1.
Fag.
a 2
Cor. E.
1.2.
Tr. E.
Timp.
Gern.
nahm sie zum Ge_mahl! Er war so blind in sie ver_
Vl. I.
pizz.
arco
Vl. II.
pizz.
arco
Vla.
pizz.
arco
Vcl.
pizz.
arco
Basso.
pizz.
arco

Fl. picc.
Fl.
Ob.
Fag.
Cor. E.
Tr. E.
Timp.
Gern.
Vl. I.
Vl. II.
Vla.
Vcl.
Basso.
a 2
meno p
1.2.
nar - ret, daß er nicht hört' und sah, und daß er nimmermehr ge - wahr - te, was um ihn her ge -
schah.
Einst traf er sie in
trem.
f
sf
p

accelerando
Fl. picc.
Fl.
Ob.
Fag.
Cor. E.
Tr. E.
Timp.
Gern.
fremdem Arm, in ar-ger Lie-bes-glut; da zog er sei-nen De-gen schnell und hieb nach ihr voll Wut!
Vl. I.
Vl. II.
Vla.
Vcl.
Basso.
cresc.
f dim.
a tempo
a 2
muta in F u. B.
Doch traf er nur den kleinen Fin-ger, an dem sie trug den
pizz.
arco
p

Fl.picc.
Ob.
Gern.
Vl.I.
Vl.II.
Vla.
Vcl.
Basso.
Ring; da sah er bald in der Ge_lieb_ten_ in der Ge_lieb_ten_ in der Ge_lieb_ten_
pizz.
Fl.
Fag.
Cor. E.
a 2
Recitativ.
(halb sprechend)
ein al_tes häß_lich Ding; ein al_tes häß_lich Ding. Ja ver_
div.
arco
a tempo
sucht es nur von eurer Schönen so einen Ring euch zu verschaffen, dann, dann seht ihr bald in der Ge_lieb_ten, ein altes häßlich

Quartett.

Gunther kommt in der Gestalt eines alten, ehrwürdigen Priesters, indem er seine Maske durch gravitätischen Gang und Gesang begleitet.

Fl.
Ob.
Clar. B.
Fag.
Es.
Cor.
B basso.
Ar.
Gun.
Gern.
Vl. I.
Vl. II.
Vla.
Vcl.
Basso.
a 2
heil' - - - gen Priester nennt man mich und Lie - be treibt mich her zu dir!
Schalk erkennen?
Ich staune! Rede, heil'ger Greis!
O
Ich möcht' ihn selbst für heilig
Kö - nig, du bist ü - bel dran, von einem bö - sen Weib um - strickt! Ich kam hie - her, dich zu er - mah - nen, aus ihren
halten!
1.

Fl.
Ob.
Clar. B.
Fag.
Es.
Cor.
B basso.
Tr. B.
Ar.
Gun.
Gern.
Vl I.
Vl.II.
Vla.
Vcl.
Basso.
a 2
(mit großem Pathos)
Ban-den dich zu ret-ten: Wer sich für im-mer ihr er-gibt, fällt ab von Gott und seinem Reich!
Entsetzlich! Was muß ich ver-nehmen!
Was macht der Kerl für schöne Worte!
Du siehst die wil-den Tie-re wohl, die sich in
cresc.
div.

Fl.
Ob.
Clar. B.
Fag.
Es.
Cor.
B basso.
Gun.
die - sen Klüf - ten bergen? Sie waren Menschen einst, doch jetzt sind sie von diesem Weib ver-
Vl.I.
Vl.II.
Vla.
Vcl.
Basso.
fp
p
Fl.
Ob.
Clar. B.
Fag.
Es.
Cor.
B basso.
Tr. B.
Ar.
O,
Gun.
dammt. Folgst du mir nicht sogleich von hier, droht gleiches Schicksal dir!
Gern.
Ihr wißt, ihr wißt! Das Hirschgeweih!
Vl.I.
Vl.II.
Vla.
Vcl.
Basso.
ff dim.
p
f

Allegro agitato.
Fl.
Ob.
Clar. B.
Fag.
Es. Cor.
B basso.
Tr. B.
in F. B.
Timp.
Ar.
Him - mel wär' es möglich, wär' es möglich, ich, ich, ich sei von ihr ge - täuscht!
Gun.
Wirst
Gern.
Haha! Das ist zum
Vl. I.
Vl. II.
Vla.
Vcl.
Basso.
a 2
p marc.
O, wär' es mög - lich, ich
du so - gleich mir fol - gen, sollst du ge - ret - tet sein!
Wenn
La - chen, das ist zum La - chen, solch' när - rischer Be - trug, ha - ha, ha - ha, das ist zum
Vcl. e Basso.

Fl.
Ob.
Clar. B.
Fag.
Es. Cor. B basso.

Ar. sei von ihr ge-täuscht! So soll ich ihr ent-fliehn, die

Gun. du noch län-ger zö-gerst, so mußt du un-ter-gehn! Wirst du so-gleich mir

Gern. Lachen, das ist zum Lachen, ha-ha, solch när-rischer Be-trug; solch när-rischer Be-trug, ha-

Vl. I.
Vl. II.
Vla.
Vcl. e Basso.

Fl.
Ob.
Clar. B.
Fag.
Es. Cor. B basso.

Ar. ich so heiß ge-liebt, die ich so heiß ge-liebt, die ich so

Gun. fol-gen, sollst du ge-ret-tet sein! Wenn du noch län-ger zö-gerst, so

Gern. ha, das ist zum Lachen, ha-ha, ha-ha, das ist zum Lachen, ha-ha, es ist zum Lachen, ja zum Lachen, solch

Vl. I.
Vl. II.
Vla.
Vcl. e Basso.

Fl.
Ob.
Clar. B.
Fag.
Es. Cor.
B basso.
Ar.
heiß ge_liebt, so muß ich ihr ent_fliehn, ihr ent_fliehn, ja ent_
Gun.
mußt du _un_ _ter_gehn, so mußt du un_ _ter_gehn, ja mußt du un_ _ter_
Gern.
närrischer, solch närrischer Be_trug! Haha, haha, das ist zum Lachen! Haha, das ist zum Lachen,
Vl. I.
Vl. II.
Vla.
Vcl. e Basso.
a 2
Tr. B.
Timp.
fliehn, ja ent_fliehn, ja ent_fliehn!
gehn, mußt du un_ _ter_ gehn!
ha_ha, ha_ha, haha haha haha ha_ha, das ist zum Lachen, ist zum La_ _ _!
Indem Arindal von Gunther fortgezogen wird, wird dieser unter Donner und Blitz plötzlich wieder in seine eigene Gestalt verwandelt.

Fl. a 2
Ob. a 2
Clar. B.
Fag.
Es. Cor. B basso. a 2
Tr. B.
Timp.

Ar.: Was seh' ich! Gunther, du?
Gun.: O weh! Was ist mit mir ge_scheh'n?
Gern.: Was Teufel! Nun ist der

Vl. I.
Vl. II. *p*
Vla. *p*
Vcl. e Basso. *dim.* *p*

Ob. *f*
Clar. B. *f* 1. *p* *dolce*
Fag. *f*
Cor. B basso. 3. 4. *f*

Ar.: Welch' un_er_hör_te Fre_vel_tat, so jäm_mer_lich mich zu be_trü_gen! *con anima* O
Gern.: gan_ze Spaß vor_bei!

Vl. I. *p* *f* *p*
Vl. II. *p* *f* *p*
Vla. *p* *f* *p*
Vcl. e Basso. *p* *f* *p*

Fl.
Ob.
Clar. B.
Fag.
Cor. Es.
Ar.
Dank, ge_lieb_te A_da, noch liebst du si_cher mich! Den Trug seh ich ver_nichtet, durch dei_ner Lie_be
Gun.
Nun ist schon halb ver_lo_ren die gut gemeinte List, er
Gern.
Nun ist schon halb ver_lo_ren die gut ge_meinte List, er
Vl. I.
Vl. II.
Vla.
Vcl. e Basso.
Con anima.
Fl.
Ob.
Clar. B.
Fag.
Cor. Es.
Ar.
Macht, ja durch dei_ner Lie_be Macht. O
Gun.
bleibt bei seinem Sin_ne, und folgt uns si_cher nicht.
Gern.
bleibt bei sei_nem Sin_ne, und folgt uns si_cher nicht, er bleibt bei seinem Sin_ne, und folgt uns si_cher
Vl. I.
Vl. II.
Vla.
Vcl. e Basso.

Fl.
Ob.
Clar. B.
Fag.
Es. Cor. B basso.
Tr. B.
Timp.

Ar. Dank, o Dank! O Dank ge-lieb-te A-da, noch liebst du si-cher
Gun. Nun folgt er nicht; er bleibt bei seinem Sin-ne;
Gern. nicht, und folgt uns nicht; er bleibt bei seinem Sin-ne; nun

Vl. I.
Vl. II.
Vla.
Vcl. e Basso.

Fl.
Ob.
Clar. B.
Fag.
Es. Cor. B basso.

Ar. mich; den Trug seh ich ver-nich-tet durch dei-ner Lie-be Macht,
Gun. nun ist schon halb ver-lo-ren die gut ge-mein-te List, ja er bleibt bei seinem
Gern. ist schon halb ver-loren die gut gemeinte List, die gut gemein-te List, ja er bleibt bei sei-nem

Vl. I.
Vl. II.
Vla.
Vcl. e Basso.

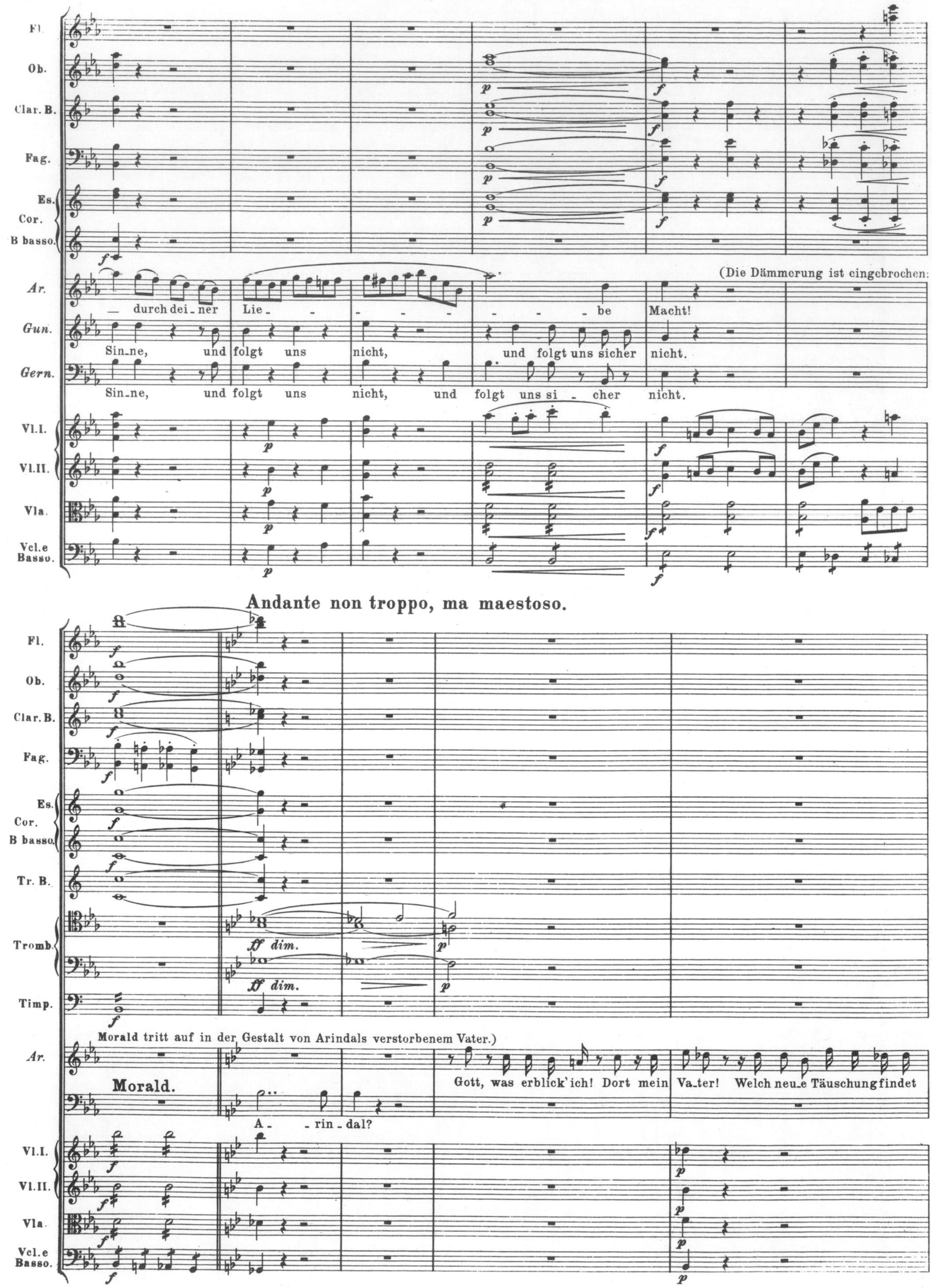

(Die Dämmerung ist eingebrochen:

Ar.: — durch dei_ner Lie_ _ _ _ _ _ be Macht!

Gun.: Sin_ne, und folgt uns nicht, und folgt uns sicher nicht.

Gern.: Sin_ne, und folgt uns nicht, und folgt uns si_cher nicht.

Andante non troppo, ma maestoso.

Morald tritt auf in der Gestalt von Arindals verstorbenem Vater.)

Morald.

Morald: A_ _rin_dal?

Ar.: Gott, was erblick' ich! Dort mein Va_ter! Welch neu_e Täuschung findet

Tromb.
Ar.
statt?
Sag'an, bist du mein Va_ter nicht?
Gun.
Wie täuschend ist das Wesen, die Ge_stalt!
Mor.
Dein Va_ter bin ich nimmermehr, ich bin nur deines Va_ters
Gern.
Wie täuschend ist das Wesen, die Ge_stalt!
Vl.I.
Vl.II.
Vla.
Vcl.
Basso.
Fl.
Ob.
Clar. B.
Fag.
Es.
Cor.
B basso.
Tr. B.
Tromb.
Ar.
Hier waltet keine Täuschung mehr! O
Mor.
Geist, ich starb da_hin aus Gram um dich, da ich dich für ver_lo_ren hielt!
Vl.I.
Vl.II.
Vla.
Vcl.
Basso.

Fl.
Ob.
Clar. B.
Fag.
Es. Cor. B basso.
Tr. B.
Tromb.
Timp.
Ar.
Gott, mein Vater, mein Vater ist da_hin!
Gun.
Mich faßt fürwahr ein Grausen an, so ähn_lich sieht er sei_nem Vater!
Mor.
Als Geist komm' ich, dich zu er_
Gern.
Mich faßt fürwahr ein Grausen an, so ähn_lich sieht er sei_nem Vater!
Vl. I.
Vl. II.
Vla.
Vcl.
Basso.
Fl.
Tromb.
Mor.
mahnen, dieweil dein Reich in ar_ger Not! Der wil_de König Murold fiel nach meinem Tod in un_ser Reich; ver_
Vl. I.
Vl. II.
Vla.
Vcl.
Basso.

Fl.
Ob.
Clar. B.
Fag.
Cor. B basso.
Tromb.
Mor.
wü_stet ist es rings um _ her, nur ei_ne Stadt ist noch ge _ blie_ben; sie wird von deiner Schwester jetzt mit ihrer
Vl. I.
Vl. II.
Vla.
Vcl.
Basso.
Es. Cor.
Tr. B.
Timp.
Ar.
O, welch' entsetzli_ches Ge_
letz_ten Kraft be_schützt, der_weil du in verlieb_tem Wahn dem trä_gen Mü_ßiggan_ge fröhnst!

Ob.
Fag.
Cor. B basso.
Tromb.
Ar.
schick! Dein Vorwurf Vater trifft mich schwer!
Gun.
Wie's ihn ergreift! Nur zu, nur zu!
Mor.
Da - rum verlas_se die_sen Ort, und folge mir nach deinem
Gern.
Wie's ihn ergreift! Nur zu, nur zu!
Vl. I.
Vl. II.
Vla.
Vcl. e Basso.
Fl.
Ob.
Clar. B.
Fag.
Es. Cor.
B basso.
Tr. B.
Tromb.
Timp.
Ar.
O
Mor.
Reich! Dein Arm gebricht dem Va_terland, und deine Schwe_ster ruft zu dir!
Vl. I.
Vl. II.
Vla.
Vcl.
Basso.

Allegro agitato.
Fl.
Ob.
Clar. B.
Fag.
Es. Cor. B basso.
Tr. B.
Tromb.
Timp.
Ar.
Him - mel, wär' es möglich, wär' es möglich, mich, mich, mich trifft so schwer Ge - schick!
Gun.
Dies
Mor.
Wirst
Gern.
Dies
Vl. I.
Vl. II.
Vla.
Vcl. e Basso.
mf marcato
Cor. Es.
O wär es mög - lich, mich trifft so schwer Ge - schick! So
wird ihn wohl er - weichen, er folgt nun si - cher uns, er folgt nun si - cher uns, er folgt nun
du so - gleich mir fol - gen, so ret - test du dein
wird ihn wohl er - weichen, er folgt nun si - cher uns, er folgt nun sicher uns, er folgt nun

Fl.
Ob.
Clar. B.
Fag.
Cor. B basso.
Tromb.
Ar.
Gun.
Mor.
Gern.
Vl. I.
Vl. II.
Vla.
Vcl. e Basso.
a 2
muß ich sie ver - las - - sen, mich ruft die har - te Pflicht, mich ruft die
uns! Dies wird ihn wohl er - wei - - chen! er folgt nun sicher uns, ja er folgt;
Reich! Wenn du noch län - - ger zö - gerst,
uns! Dies wird ihn wohl er - weichen, er folgt nun sicher uns,
har - te Pflicht, mich ruft die har - te Pflicht, ja mich
ja dies wird ihn wohl er - weichen, ja er folgt uns si - cher nun, ja er folgt si - cher
muß al - - les, muß al - - - les
ja dies wird ihn wohl er - weichen, er folgt uns si - cher nun, er folgt uns si - cher

Fl.
Ob.
Clar. B.
Fag.
Es, Cor. B basso.
Tr. B.
Tromb.
Timp.
Ar.
Gun.
Mor.
Gern.
Vl. I
Vl. II
Vla.
Vcl. e Basso.
cresc.
ruft die har - te Pflicht, ja mich ruft die
nun, ja er folgt si-cher nun, ja er folgt si-cher nun, er folgt si-cher nun, ja er
un - - ter - - gehn, muß al - les un - ter - - -
uns, er folgt nun si-cher, si-cher uns, ja er folgt nun si-cher uns, er folgt nun si-cher uns, er folgt si-
a 2
har - te, die har - te Pflicht, die har - - - - -
folgt, ja er folgt si-cher nun, ja er folgt, ja er folgt nun si-cher uns, er folgt si-cher uns, ja er
gehn, muß al - les, al - - - - - - - les
si-cher, er folgt nun si-cher uns, ja er folgt nun si-cher uns, er folgt nun si-cher uns, er folgt nun si-cher, si-cher,

Fl.
Ob.
Clar. B.
Fag.
Es.
Cor.
B basso.
Tr. B.
Tromb.
Timp.
Ar.
Gun.
Mor.
Gern.
Vl. I.
Vl. II.
Vla.
Vcl. e Basso.
a 2
- - - - te Pflicht, ja mich ruft die har - te Pflicht, die har - te Pflicht!
folgt, er folgt nun sicher uns, ja er folgt nun sicher, er folgt nun sicher uns, er folgt nun si - cher uns!
un - - ter - - gehn, muß al - - les un - - - - ter - gehn!
sicher, ja er folgt nun sicher uns, er folgt nun sicher, ja er folgt nun sicher uns, ja er folgt nun sicher uns!
(Als Arindal im Begriff ist, Morald zu folgen, wird dieser unter Donner und Blitz plötzlich wieder in seine eigene Gestalt verwandelt.)
Wie? Mo - rald? Wie - derum Be -

Clar. B.
Fag.
Cor. B basso.
Ar.
trug? O! Mo_rald, teu_rer Freund, auch
Gun.
O weh! Auch ihm ist es miß_glückt! Nun ist der gan_ze Spaß vor_bei!
Gern.
O weh! Auch ihm ist es miß_glückt! Nun ist der gan_ze Spaß vor_bei!
Vl. I.
Vl. II.
Vla.
Vcl. e Basso.
Ob.
Ar.
du verspottest mich durch solchen Trug?
Mor.
O Herr, ver_zeih, die be_ste List ist jetzt durch fremde Macht ver_
espress.
p espress.
Ob.
Clar. B.
Fag.
Es. Cor.
B basso.
Ar.
So ist es
Mor.
ei_telt! Er_zür_ne nicht, und laß als Freund zum teu_ren Freun_de jetzt mich spre_chen!
a 2
Vl. I.
Vl. II.
Vla.
Vcl. e Basso.

Fl.
Ob.
Clar. B.
Fag.
Es. Cor. B basso.
Ar.
Mor.
Vl.I.
Vl.II.
Vla.
Vcl. e Basso.
cresc.
wahr, mein Va_ter starb?
O har_tes Schicksal! We_he mir!
Aus bit_trem Kummer ü_ber dich.
Was ich in
a 2
poco f
je_ner Trug_ge_stalt von dei_ner Hei_mat dir ge_mel_det, sei jetzt von dei_nem Freun_de dir, als

Fl.
Ob.
a 2
Clar. B.
a 2
Fag.
cresc.
Es.
Cor.
B basso.
Tr. B.
Timp.
Ar.
Genug, halt ein!
Ich folge euch!
Mor.
schlimme Wahrheit wie_der_holt! In Trümmern liegt das schöne Reich!
Vl. I.
Vl. II.
Vla.
Vcl. e Basso.
sempre cresc.
colla parte
a tempo
Ach, was al_lein zurück mich hielt, ist mir für e_ _ _wig ja entschwunden!
Vcl.
Basso.

colla parte
a tempo
Fl.
Ob.
Clar. B.
Fag.
Es.
Cor.
B basso.
Tr. B.
Timp.
Ar.
Geht denn bei-seit, und pflegt der Ruh, ich fol-ge morgen euch von hinnen!
Vl.I.
Vl.II.
Vla.
Vcl. e Basso.
Allegro vivace.
p cresc.
Hinweg, hin-weg, von hier ruft mich die Pflicht!
Gun.
O welches Glück, er willigt ein, er willigt ein, er wil-ligt ein!
Sein starrer
Mor.
Gern.

Fl.
Ob.
Clar. B.
Fag.
Es. Cor.
B basso.
Tr. B.
Timp.
Ar.
Gun.
Mor.
Gern.
Vl. I.
Vl. II.
Vla.
Vcl. e Basso.
cresc.
Ich zögre län_ger, ich zög_re länger nicht! Hinweg von
Sinn hat sich er_weicht, hat sich er_weicht! O wel_ches Glück,
Sinn hat sich er_weicht, hat sich er_weicht! O wel_ches Glück,
Sinn hat sich er_weicht, hat sich er_weicht! O wel_ches Glück,
hier, ruft mich die Pflicht; ich zög_re länger nun nimmer_mehr,
er willigt ein! Sein starrer Sinn hat sich er_weicht, sein starrer Sinn hat sich er_
er wil ligt ein! Sein starrer Sinn hat sich er_weicht, sein starrer Sinn hat sich er_
er willigt ein! Sein starrer Sinn hat sich er_weicht, sein starrer Sinn hat sich er_

Fl.
Ob.
Clar. B.
Fag.
Es. Cor. B basso.
Tr. B.
Timp.
Ar.
Gun.
Mor.
Gern.
Vl. I.
Vl. II.
Vla.
Vcl. e Basso.
f
p dolce
p
1.
ich zögre län - - ger nim_mer mehr! O
weicht, sein starrer Sinn hat sich er_weicht! Nach meiner Hei_mat ziehe ich, zu unsren hübschen Mädchen hin! Nach
weicht, sein starrer Sinn hat sich er_weicht! Nach meiner Heimat ziehe ich, zur heiß_gelieb_ten Lo_ra hin!
weicht, sein starrer Sinn hat sich er_weicht! Nach meiner Hei_mat ziehe ich, zu meiner treu_en Drol_la hin!
wer er_mis - - set mei - - nen Schmerz, ich soll die Gat_tin nicht mehr
mei_ner Hei_mat zie - he ich, zu un - sren hübschen Mäd_chen hin, zu un_sren hübschen Mäd - - chen
Nach mei_ner Hei - mat zie_he ich, zur heiß - - ge_lieb - - ten Lo - - ra
Nach meiner Hei_mat zie_he ich, zu meiner treuen Drol - la hin, nach meiner Heimat zie_he ich, zu mei_ner

Fl.
Ob.
Clar. B.
Fag.
Es. Cor.
B basso.
Ar.
Gun.
Mor.
Gern.
Vl. I.
Vl. II.
Vla.
Vcl. e Basso.
cresc.
sehn, die Gat - tin nicht mehr sehn!
hin, nach meiner Hei - mat zie - he ich, ja ziehe ich! Nach mei-ner
hin, zur heiß - ge - lieb - ten Lo - - ra hin! Nach mei - ner Hei - mat
treu - en Drol - la hin, zu meiner treu - en Drol - la hin! Nach mei - ner Hei - mat zie - he ich, nach
a 2
O wer er - mis - set mei - nen Schmerz, ich soll die Gat - tin nicht mehr
Hei - - - mat zie - he ich, zu meinem hüb - - schen Mädchen
zie - he ich, ja zie - - he ich, zur heiß - ge - liebten Lo - ra, ja zu Lo - - ra
mei - - ner Hei - mat zie - he ich, zu meiner treuen Drolla hin, zu mei - - ner treu - en Drolla

Fl.
Ob.
Clar. B.
Fag.
a 2
Es.
Cor.
B basso.
Ar.
sehn; wer er - mis-set mei-nen Schmerz, ich soll die Gattin, meine Gat - - tin nicht mehr
Gun.
hin, nach der Hei-mat ziehe ich, ja zie - he ich, zu un - sren hübschen Mäd-chen
Mor.
hin, nach meiner Hei-mat zieh' ich, ja zie-he ich, ja zie - he ich, zur heißgeliebten Lo - - ra
Gern.
hin, nach der Hei-mat ziehe ich, zu mei-ner Drolla ziehe ich, zu mei - ner treu-en Drolla
Vl. I.
Vl. II.
Vla.
Vcl. e Basso.
ritard.
sehn! Ich soll die Gat - - - - - - - - tin nicht mehr sehn!
hin, zu un-sren hüb - - - - - schen Mädchen hin, ja zieh' ich hin!
hin, zur heißge - lieb - - - - - - ten Lo - ra hin, ja zieh' ich hin!
hin, zu mei-ner treu - - - - - - en Drol-la hin!

Allegro molto.
Fl.
Ob.
Clar. B.
Fag.
Es. Cor.
B basso.
Tr. B.
Timp.
Ar.
Von ihr, von ihr muß ich für e - - - - wig fort!
Gun.
O wel-ches Glück, er wil-ligt ein!
Mor.
O wel-ches Glück, er wil-ligt ein!
Gern.
O wel-ches Glück, er wil-ligt ein!
Vl. I.
Vl. II.
Vla.
Vcl.
Basso.
Ar.
Da nichts, da nichts mehr ih-ren Zorn er - weicht.
Gun.
Sein star-rer Sinn hat sich er-
Mor.
Sein star-rer Sinn hat sich er -
Gern.
Sein star-rer Sinn hat sich er -

Fl.
Ob.
Clar. B.
Fag.
Es. Cor.
B basso.
Tr. B.
Timp.
Ar.
Von ihr muß ich nun fort; da nichts sie mehr er-
Gun.
weicht! O welches Glück, er willigt ein; sein starrer Sinn hat sich er-
Mor.
weicht! O welches Glück, er willigt ein; sein starrer Sinn hat sich er-
Gern.
weicht! Wel-ches Glück, er willigt ein; sein Sinn hat sich er-
Vl. I.
Vl. II.
Vla.
Vcl. e Basso.
a 2
weicht, von ihr muß ich für e- - - - - wig fort, ich muß von ihr auf e-wig fort,
weicht, o wel- ches Glück, er wil- ligt ein; welch' Glück, o welches
weicht, o wel- ches Glück, er wil- ligt ein; welch' Glück, o welches
weicht, o wel- ches Glück, er wil- ligt ein; welch' Glück, o welches

Fl.
Ob.
Clar. B.
Fag.
Es. Cor.
B basso.
Tr. B.
Timp.
Ar.
ich muß von ihr auf e - - - - - - - - - - - wig
Gun.
Glück, er willigt ein; o welches Glück, welches Glück, er willigt
Mor.
Glück, er willigt ein; o welches Glück, welches Glück, er willigt
Gern.
Glück, er willigt ein; o welches Glück, welches Glück, er willigt
Vl. I.
Vl. II.
Vla.
Vcl. e Basso.
Ar.
fort, da nichts mehr ihren Zorn erweicht! Von ihr, von ihr muß ich für e - - - wig
Gun.
ein, sein starrer Sinn hat sich erweicht! O welches
Mor.
ein, sein starrer Sinn hat sich erweicht! O welches Glück, er wil - - ligt
Gern.
ein, sein starrer Sinn hat sich erweicht! O welches
Vcl.
Basso.

Fl.
Ob.
Clar. B.
Fag.
Es.
Cor.
B basso.
Tr. B.
Timp.
Ar.
fort, da nichts, da nichts mehr ihren Zorn er- weicht; da
Gun.
Glück, er wil - ligt ein, sein starrer Sinn hat sich er- weicht, sein star-rer
Mor.
ein, sein star - rer Sinn hat sich er- weicht, sein star-rer
Gern.
Glück, er willigt ein, sein starrer Sinn hat sich er - weicht, sein star-rer
Vl. I.
Vl. II.
Vla.
Vcl.
Basso.
a 2
Ar.
nichts mehr ih - ren Zorn, ih - ren Zorn er - weicht!
Gun.
Sinn hat sich erweicht, sein starrer Sinn hat sich er - weicht!
Mor.
Sinn hat sich erweicht, sein starrer Sinn hat sich er - weicht!
Gern.
Sinn hat sich erweicht, sein starrer Sinn hat sich er - weicht!
Alle gehen ab, nur Arindal bleibt allein zurück.
Vcl. e Basso.

Fl.
Ob.
Clar. B.
Fag.
Es. Cor.
B basso.
Tr. B.
Timp.
Vl. I.
Vl. II.
Vla.
Vcl. e Basso.

a 2
f
dim.
1.
3.
p

Clar. B.
Fag.
Cor. Es.
Vl. I.
Vl. II.
Vla.
Vcl.
Basso.

1.
p dolce
sempre più p
p molto
p
div.

Fag.
Cor. Es.
Vl. I.
Vl. II.
Vla.
Vcl.
Basso.

1.
2.
pp
pizz.

Finale.

Die Nacht ist eingebrochen.

Arindal allein.

Allegro.

Fl. Ob. Clar. A. Fag. E. Cor. C. Tr. C. Timp. Ar. Vl. I. Vl. II. Vla. Vcl. Basso.

Ar.: liebten! O Grau-sa-me leb'

f fp

Fl. Ob. Clar. A. Fag. E. Cor. C. Tr. C. Timp. Ar. Vl. I. Vl. II. Vla. Vcl. Basso.

Ar.: wohl, leb' e-wig wohl, zum Kampf-fe zieh' ich für mein Va-terland, und mei-ne Hoffnung ist al-lein der

fp f

Meno Allegro.
Fl.
Ob.
Clar. A.
Fag.
E.
Cor.
C.
Indem er sich zum Abgehen wendet, fühlt er sich plötzlich ermatten, und sinkt allmählig auf einen Stein nieder.
Ar.
Tod!
Doch, was be_mächtigt meiner Glieder sich? Ich will hin_
Vl. I.
Vl. II.
Vla.
Vcl.
Basso.
sempre p
Più meno Allegro.
Ob.
Fag.
E.
Cor.
C.
Ar.
weg, doch weigert sich mein Fuß;_ mein Au_ge sinkt,_ ist dies der nah'nde Schlummer?
Vl. I.
Vl. II.
Vla.
Vcl.
Basso.

Poco Andante.
Ob.
Fag.
p espress.
Cor. E.
Ar.
Ich fühl's,
ich fühl's,
leb' wohl, mein Lieb',
leb' wohl, dein Gat_te scheidet
Vl. I.
Vl. II.
Vla.
Vcl.
Basso.
pizz.
Cor. C.
Er entschlummert.
so,_ a_de! a_de!
arco
Solo
Tutti
div. a 3

Die Scene verwandelt sich in einen reizenden Feengarten, im Hintergrunde ein glänzender Palast.

Fl.
Ob.
Clar. A.
Fag.
E.
Cor.
C.
Vl. I.
Vl. II.
Vla.
Vcl.
Basso.
p dolce
p dolce
p espress.

Cavatina.
Larghetto.
Fl.
Ob.
Clar. A.
Fag.
E.
Cor.
C.
Tr. C.
Timp.
Ada.
Ada tritt während des Ritornell's aus dem Palaste, im reichsten Feenschmuck.
Vl. I.
Vl. II.
Vla.
Vcl.
Basso.
p espress.
cresc.
p dolce
p espress.
Ada.
cresc.

Fl.
Ob.
Clar. A.
Fag.
E. Cor. C.
Tr. C.
Timp.
Ada.
Vl. I.
Vl. II.
Vla.
Vcl.
Basso.
Wie muß ich doch be_kla_gen, was sonst so hehr, so schön, — zu trau_rig har_tem

Fl.
Ob.
Clar. A.
Fag.
E.
Cor.
C.
Tr. C.
Timp.
Ada.
Lo-se, wird mir Un-sterb - - - lich-keit zu trau - - - - rig har-tem Lo-se, wird mir Un-
Vl. I.
Vl. II.
Vla.
Vcl.
Basso.
sterb - lich-keit! Weil ihn al-lein, ja al-lein ich liebe, geb' ich so gern, geb' ich so
cresc.
p cresc.

Fl.
Ob.
Clar. A.
Fag.
E.
Cor.
C.
Ada.
gern_ sie hin; doch ganz ihn zu ge_winnen, wie ist's so hart so schwer;_ doch ganz ihn zu_ge_
Vl. I.
Vl. II.
Vla.
Vcl.
Basso.
win_ _nen, wie ist's_ so hart, so hart, so schwer, so hart, so schwer,_ so schwer!

Fl.
Ob.
Clar. A.
Fag.
E.
Cor.
C.
Ada.
Mir bleibt nun nichts als kla - gen und
Vl. I.
sempre p
Vl. II.
sempre p
Vla.
sempre p
Vcl.
Basso.
wei - - - nen um mein Los!

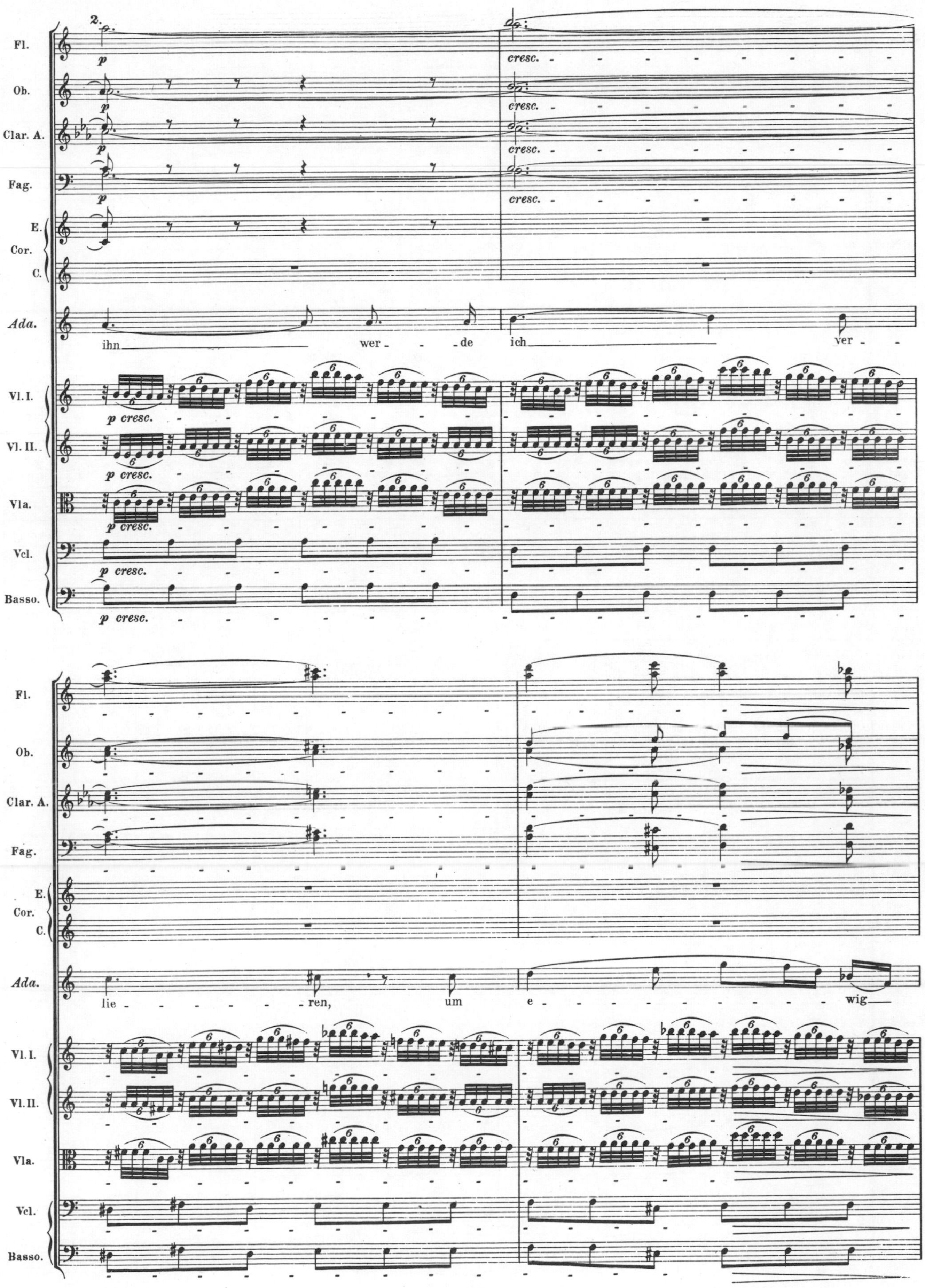
2.
Fl.
Ob.
Clar. A.
Fag.
E.
Cor.
C.
Ada.
ihn wer - de ich ver -
Vl. I.
Vl. II.
Vla.
Vcl.
Basso.
p
cresc.
p cresc.
lie - - - ren, um e - - - - wig

Fl.
Ob.
Clar. A.
Fag.
E.
Cor.
C.
Ada.
tot zu sein, um e - wig tot zu sein, um e - - wig tot zu
Vl. I.
Vl. II.
Vla.
Vcl.
Basso.
dim.
Moderato.
sein.
Arindal erwacht allmählig.
p espress.
pp

Recit.

Fl.
Ob.
Clar. A.
Fag.
E.
Cor.
C.

Arindal.

Wo bin ich? Ach! in wel_che sel'_ge

Vl. I.
Vl. II.
Vla.
Vcl.
Basso.

a tempo Allegro. Recit.

Fl.
Ob.
Clar. A.
Fag.
E.
Cor.
C.

Ar.

Räume hat mich ein schöner Traum wohl hingeführt? Und dort, ha, träum' ich nicht, ist mei_ne

Vl. I.
Vl. II.
Vla.
Vcl.
Basso.

Allegro.
Recit.
Allegro.
colla parte.
Fl.
Ob.
Clar. A.
Fag.
E.
Cor.
C.
Ada.
Ar.
Vl. I.
Vl. II.
Vla.
Vcl.
Basso.
Gattin!
Erkennst du mich? Ge_lieb_ter; Un_dank_ba_rer!
Du woll_test mich ver_
Moderato.
a 2
lassen?
A_da, o, dich seh'ich wie_der,
Ü_bermaß von Wonne!
cresc.

Duett.

Allegro con moto.

Fl.
Ob.
Clar. A.
Fag.
E. Cor. C.
Tr. C.

Arindal.

Mir wird das freudi-ge Glück? dich wieder ganz zu be-sit-zen; all'schwe-res

Vl. I.
Vl. II.
Vla.
Vcl.
Basso.

Fl.
Ob.
Clar. A.
Fag.
E. Cor. C.

Ada.

O! dämp-fe

Ar.

bitt'res Leid in deinem Arm zu ver-gessen; all' schwe-res Leid, in dei-nem Arm zu verges-sen!

agitato

Vl. I.
Vl. II.
Vla.
Vcl.
Basso.

Fl.
Ob.
Clar. A.
Fag.
E.
Cor.
C.
Ada.
die - se Glut, ge bie - - - te dem Ent zücken; zu neu - - er her - ber
Ar.
Vl. I.
Vl. II.
Vla.
Vcl.
Basso.
a 2
Qual, bin ich dir jetzt er schienen; zu neu - - - - er Qual bin ich dir jetzt er schie - -

Fl.
Ob.
Clar. A.
Fag.
E.
Cor.
C.
Ada.
Ar.
Vl. I.
Vl. II.
Vla.
Vcl.
Basso.
a 2
1.
nen!
O warum Pein, o warum Qual? Du bist für im_mer mein, und je_ _de Lust mit dir, und
je_ _de Lust mit dir!
Un_glück_li_cher! Nur kur_ _ze Zeit, für e_wig dann getrennt bin ich von

Fl.
Ob.
Clar. A.
Fag.
E.
Cor.
C.
Ada.
Ar.
Vl. I.
Vl. II.
Vla.
Vcl.
Basso.
A - - rin - dal, für e - - - wig ge - trennt, bin ich von A - rin - dal!
Ich las - se dich nim - mer - mehr, und wei - che nie von dir!
(Mit Angst)
Nur noch ein einz'ger Tag, und du ver - lässest mich!

rit.
Fl.
Ob.
Clar. A.
Fag.
E.
Cor.
C.
Ada.
Ar.
Nur noch ein einz_ger Tag, und du ver_läs_sest mich, und
Ich las_se dich nimmermehr, und wei_che nie von dir! Ich
Vl. I.
Vl. II.
Vla.
Vcl.
Basso.
a tempo
du ver_läs_sest mich, und du ver_lässest mich! Noch
las_se nie von dir, nein ich las_se nie von dir! Noch

Fl.
Ob.
Clar. A.
Fag.
E. Cor. C.
Ada.
halt ich dich in mei_nen Ar_men, doch dich ent_reißt das Schicksal mir, Ver_derben wird uns Beiden dro_hen, wenn
Ar.
halt ich dich in mei_nen Ar_men, doch dich ent_rei_ßet niemand mir, Ver_derben mög' uns Beiden dro_hen,
Vl. I.
Vl. II.
Vla.
Vcl.
Basso.
Fl.
Ob.
Clar. A.
Fag.
E. Cor. C.
Ada.
uns'_rer Lie_be Macht nicht siegt, Ver_derben wird uns Bei_den drohn, wenn uns'rer Lie_be Macht nicht
Ar.
von uns'rer Lie_be sei's besiegt, Ver_derben mög' uns Beiden dro_hen, von uns'rer Liebe sei's be_siegt,
Vl. I.
Vl. II.
Vla.
Vcl.
Basso.

Fl.
Ob.
Clar. A.
Fag.
E. Cor.
C.
Ada.
siegt, — wenn uns'rer Lie - be Macht, wenn uns'rer Lie - be Macht nicht siegt! Noch
Ar.
von uns'rer Lie - - - - be sei's, von uns'rer Lie - be sei's besiegt! Noch halt' ich dich in meinen
Vl. I.
Vl. II.
Vla.
Vcl.
Basso.
a 2
halt' ich dich in meinen Ar - men, doch dich entreißt das Schicksal mir; Ver - der-ben wird uns Bei-den
Armen, und dich ent-rei-ßet Nie - mand mir; Ver - der ben mög' uns Bei - den dro-hen, von

Fl.
Ob.
Clar. A.
Fag.
E. Cor.
C.
Ada.
Ar.
Vl. I.
Vl. II.
Vla.
Vcl.
Basso.
a 2
1.
cresc.
p
drohen, wenn uns're Lie - be Macht nicht siegt,
wenn uns're Lie - be Macht nicht siegt, wenn uns're
uns're Lie - be - sei's be - siegt, von uns're Lie - be sei's be - siegt,
von uns're Lie - - -
Lie - be Macht nicht siegt, wenn uns're Lie - be Macht nicht siegt, nicht siegt, wenn uns're Lie - be
- be sei's be - siegt, von uns're Lie - be sei's be - siegt, be - siegt, von uns're

stringendo
molto rit.
Fl.
Ob.
Clar. A.
Fag.
E.
Cor.
C.
Ada.
Ar.
Vl. I.
Vl. II.
Vla.
Vcl.
Basso.
p
cresc.
f
Macht nicht siegt, wenn uns'rer Lie - be Macht nicht
Lie - - - - - - - be sei's be - siegt, von uns'rer Lie_be sei's be-
a tempo
siegt, wenn ih - re Macht nicht siegt. Ver - der - ben wird uns Bei - den
siegt, von uns'rer Lie - be sei's be - siegt. Ver - der - ben mög' uns Bei - den dro - hen, von

Fl.
Ob.
Clar. A.
Fag.
E.
Cor.
C.
Ada.
drohn wenn uns'rer Lie_be Macht nicht siegt, wenn ih_re Macht nicht siegt, nicht
Ar.
uns'rer Lie_be sei's be_siegt, von uns'rer Lie_be sei's be_siegt, ja sei's be_siegt, ja, von
Vl. I.
Vl. II.
Vla.
Vel.
Basso.
rit.
a tempo
fp cresc.
siegt, wenn ih_re Macht nicht siegt.
uns'rer Lie_be sei's be_siegt, ja sei's be_siegt.

Fl.
Ob.
Clar. A.
Fag.
E. Cor. C.
Vl. I.
Vl. II.
Vla.
Vcl.
Basso.
a 2
dim.
pizz.
Allegro ma non troppo.
Tr. C.
Morald.
Morald, Gernot, Gunther und der Chor ihrer Gefährten kommen.
Auf, A - rin - dal, komm jetzt mit uns von
Vcl. e Basso.

Fl.
Ob.
Fag.
E. Cor.
C.
Tr. C.
Timp.
Gunther.
Und dort, das schö_ne Weib!
Mor.
hin_nen! Was seh' ich? Gott,– wo_hin sind wir ver_setzt!
Gernod.
Ich ken_ne Al_les,– sein
Vl. I.
Vl. II.
Vla.
Vcl. e Basso.
trem.
arco
f
dim.
p
Gern.
Weib, die hüb_sche He_xe hat er wie_der; nun ist's vor_bei, nun ist's vor_bei, er folgt uns si_cher

Fl.
Ob.
Clar. B.
Fag.
E.
Cor.
C.
Tr. C.
Timp.
Ada.
Arindal.
Gunther.
Morald.
Solch milden Zau - ber sah ich nie; ich kann den
Gern.
nicht!
Chor.
Ten. I.
Fürwahr, welch' gött - lich schönes Weib, sah ich wohl je so hohen Reiz!
Ten. II.
Fürwahr, welch' gött - lich schönes Weib, sah ich wohl je so hohen Reiz!
Basso I.
Fürwahr, welch' göttlich schö - nes Weib, sah ich wohl je so ho - hen Reiz!
Basso II.
Fürwahr, welch' göttlich schö - nes Weib, sah ich wohl je so ho - hen Reiz!
Vl. I.
Vl. II.
Vla.
Vlc. e Basso.

Fl.
Ob.
Clar. B.
Fag.
E.
Cor.
C.
Tr. C.
Timp.
Ada.
Ar.
Gun.
Mor.
Gern.
Vl. I.
Vl. II.
Vla
Vlc. e Basso.
p dolce
p cresc.
cresc.
Weh' mir schon hab' ich es versprochen, nach meiner Heimat mitzugehn!
Wie blendet ihre
Kö nig wohl be grei fen!
Wie blendet ihre
Wie
Wie

Fl.
Ob.
Clar. B.
Fag.
E.
Cor.
C.
Tr. C.
Timp.
Ada.
Ar.
Gun.
Schön - heit mich, wie ih - rer Wangen hol - des Licht!
Mor.
Schönheit mich, wie ih - rer Wangen hol - des Licht!
Gern.
Ach, das ist al - les, al - les ja nicht ächt, und ih - re
blen - det ih - re Schönheit mich, wie ih - rer Wangen hol - des Licht!
blen - det ih - re Schönheit mich, wie ih - rer Wangen hol - des Licht!
Vl. I.
Vl. II.
Vla.
Vcl. e Basso.

Fl.
Ob.
Clar. B.
Fag.
E.
Cor.
C.
Tr. C.
Timp.
Ada.
Ar.
We - he mir! We - he mir! Ach schon
Gun.
Den Kö-nig wag' ich kaum zu mahnen, daß er von hier uns folgen soll,
Mor.
Den Kö-nig wag' ich kaum zu mahnen, daß er von hier uns folgen soll,
Gern.
Wan-gen sind geschminkt, ach das ist al-les, ja gar nicht ächt, und ih-re
Den Kö - nig wag' ich kaum zu mahnen, daß er von hier uns fol-gen soll,
Den Kö - nig wag' ich kaum zu mahnen, daß er von hier uns fol-gen soll,
Vl. I.
Vl. II.
Vla.
Vcl. e Basso.

Fl.
Ob.
Clar. B.
Fag.
E.
Cor.
C.
Tr. C.
Timp.
Ada.
Ar.
hab' ich es ver- sprochen, nach meiner Hei - mat mit zu geh'n!
Gun.
ich wag' es kaum, ihn zu mahnen!
Mor.
ich wag' es kaum, ihn zu mahnen!
Gern.
Wangen, sind geschminkt, die Wangen sind ge - schminkt!
ich wag' es kaum, ihn zu mahnen! Fürwahr, welch gött - lich schönes
Fürwahr, welch gött - lich schönes
ich wag' es kaum, ihn zu mahnen! Fürwahr, welch göttlich schö - nes
Fürwahr, welch göttlich schö - nes
Vl. I.
Vl. II.
Vla.
Vcl. e Basso.

Fl.
Ob.
Clar.B.
Fag.
E.
Cor.
C.
Tr.C.
Timp.
Ada.
Ar.
Gun.
So milden Zau - ber sah ich nie, ich kann den Kö - nig wohl be-
Mor.
So mil - den Zau - ber sah ich nie, ich kann den Kö - nig wohl be-
Gern.
Ach das ist alles, alles ja nicht ächt, und ih-re Wangen sind ge-
Weib! Sah ich wohl je so hohen Reiz!
Weib! Sah ich wohl je so hohen Reiz!
Weib! Sah ich wohl je so ho - hen Reiz!
Weib! Sah ich wohl je so ho - hen Reiz!
Vl.I.
Vl.II.
Vla.
Vcl.e Basso.

Fl.
Ob.
Clar.B.
Fag.
E.
Cor.
C.
a 2
Tr.C.
Timp.
Ada.
Ar.
Wie soll ich mein Ver - spre - chen hal - ten! Wie kann ich fort,
Gun.
grei - fen! Ich wag' es kaum, ihn noch zu
Mor.
grei - fen! Ich wag' es kaum, ihn noch zu
Gern.
schminkt! ja! Ver - loren schon, ist
Ich wag' es kaum, ihn zu er -
Ich wag' es kaum, ihn zu er -
Vl.I.
p cresc.
Vl.II.
p cresc.
Vla.
p cresc.
Vcl.e Basso.
p cresc.

colla parte
Fl.
Ob.
Clar. B.
Fag.
E.
Cor.
C.
Tr.C.
Timp.
ad libitum
Ada.
Weh mir, schon naht der
Ar.
wie soll ich los, wie kann ich fort, wie soll ich los?
Gun.
mahnen, daß er von hier uns fol - gen soll!
Mor.
mahnen, daß er von hier uns fol - gen soll!
Gern.
für uns alles, er läßt von ihr ge - wiß nicht los!
mahnen, daß er von hier uns folgen soll!
mahnen, daß er von hier uns folgen soll!
colla parte
Vl. I.
Vl. II.
Vla.
Vcl. e Basso.

Ein festlicher Zug von Feen aus Ada's Reiche tritt auf, vor ihnen her **Farzana** und **Zemina**.

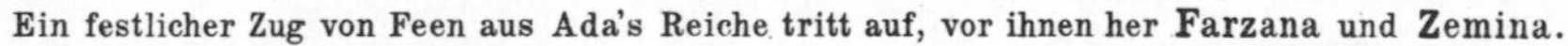

Fl.
Ob.
Clar. B.
Fag.
Cor. C.
Tr. C.
Timp.
Zemina.
Aus deines Reiches Fernen, strömt
Farzana.
Dein Vater hat das Los der Sterblichen geteilt.
Vl. I.
Vl. II.
Vla.
Vcl. e Basso.
Zem.
alles Volk herbei, zu grüßen dich als Königin!
Chor der Feen.
Sopr. I.
Heil uns'rer Königin! Heil schöne Ada
Sopr. II.
Heil uns'rer Königin! Heil schöne Ada
Alto.

Fl.
Ob.
Clar. B.
Fag.
Cor. C.
Tr. C.
Timp.
dir! Ge - grü - ßet sei als Herr - scherin, von dei - nes Vol - kes Schar! Ge - grü - ßet sei als
dir! Ge - grü - ßet sei als Herr - scherin, von dei - nes Vol - kes Schar! Ge - grü - ßet sei als
Vl. I.
Vl. II.
Vla.
Vcl. e Basso.
Herr - scherin, von deines Vol - kes Schar!
Herr - scherin, von deines Vol - kes Schar!
p cresc.

Fl.
Ob.
Clar. B.
Fag.
Cor. C.
Tr. C.
Timp.
Ada.
Zemina.
Farzana.
Arindal.
Gunther.
Morald.
Gernot.
Von Fer_ne ertö_net der Ju_bel uns'rer frohen Hul_digung, ertö_net der Ju_bel uns'rer frohen Hul_di_
Von Fer_ne ertö_net der Ju_bel uns'rer frohen Hul_digung, ertö_net der Ju_bel uns'rer frohen Hul_di_
Vl. I.
Vl. II.
Vla.
Vcl. e Basso.

Fl.
Ob.
Clar. B.
Fag.
Cor. C.
Tr. C.
Timp.
Ada.
Zem.
Farz.
Ar.
Gun.
Mor.
Gern.
a 2
gung! Heil! Heil! Heil uns'rer Kö - - ni-gin, Heil, schöne A - - da
gung! Heil! Heil! Heil uns'rer Kö - ni - gin, Heil, schöne A - da
Vl. I.
Vl. II.
Vla.
Vel. e Basso.

Fl.
Ob.
Clar. B.
Fag.
Cor. C.
Tr. C.
Timp.
Ada.
O hätt' ich die_ses Jubel's Klänge, wohl nimmermehr ge_hört! Ich füh_le
Zem.
dieß fes_selt sie mit neuen Banden, an die Unsterblich_keit;
Farz.
dieß fes_selt sie mit neuen Banden, an die Unsterblich_keit;
Ar.
Gun.
Hab' ich wohl je et_was ge_se_hen, was die_sem Treiben gleicht;
Mor.
Was soll ich wohl von al_lem halten, ich kann mich fassen kaum;
Gern.
Das ist nur al_les tol_ler Spuk, Betrug und Heuche_lei;
dir! Heil dir! Heil dir!
dir! Heil dir! Heil dir!
Vl. I.
Vl. II.
Vla.
Vcl e Basso.

Fl.
Ob.
Clar. B.
Fag.
Cor. C.
Tr. C.
Timp.
Ada.
nur die neu - - e Fes - sel an mein un - se - - - - lig Los, an mein un-
Zem.
denn will sie wirk - lich sterblich werden, verliert sie auch ihr Reich,
Farz.
denn will sie wirk - lich sterblich werden, verliert sie auch ihr Reich,
Ar.
Gun.
was die - sem Trei - - ben gleicht,
Mor.
ich kann mich fas - - sen kaum,
Gern.
das ist nur al - les tol - ler Spuk, Be - trug und Heu - che - lei, ja ja Be - trug und Heuche -
Vl. I.
Vl. II.
Vla.
Vcl. e Basso.
cresc.

Fl.
Ob.
Clar. B.
Fag.
Cor. C.
Tr. C.
Timp.
Ada.
Zem.
Farz.
Ar.
Gun.
Mor.
Gern.
Vl. I.
Vl. II.
Vla.
Vcl. e Basso.
p cresc.
cresc.
f
se - - - - lig Los,
denn will sie wirk-lich sterb-lich wer - - den, ver-liert sie auch ihr Reich,
denn will sie wirk-lich sterb-lich wer - - den, ver-liert sie auch ihr Reich,
hab' ich wohl je et-was gesehn, hab' ich wohl je etwas gesehn, etwas ge-sehn, was die-sem Treiben gleicht,
was soll ich wohl von al-lem hal-ten, ich kann mich fas-sen kaum,
lei, ja Betrug, Be-trug und Heuchelei, Be-trug und Heuchelei, Be-trug, Be-trug und Heuche-lei,
Heil uns - rer
Heil uns - rer

Fl.
Ob.
Clar. B.
Fag.
Cor. C.
Tr. C.
Timp.
Ada.
an mein un-se - lig Los, an mein un-se - lig Los!
Zem.
ja dann ver-liert sie auch ihr Reich!
Farz.
ja dann ver-liert sie auch ihr Reich!
Ar.
Sag' meine Gat-tin mir, was soll dies Treiben
Gun.
hab' ich wohl je so was ge-seh'n!
Mor.
fürwahr ich kann mich fas-sen kaum!
Gern.
das ist Be-trug und Heu-che-lei!
Kö - nigin! Heil schö - ne A - da dir! Heil!
Kö - nigin! Heil schö - ne A - da dir! Heil!
Vl. I.
Vl. II.
Vla.
Vcl e Basso.
f
p cresc.
cresc.

Ob.
Clar. B.
Fag.
Cor. C.
Tr. C.
Ada.
Ar.
Vl. I.
Vl. II.
Vla.
Vcl. e Basso.
f
pp
p
all!
Du hörst mich Kö - ni-gin wohl nennen, dies
wis - se dann, doch fra - ge nicht! Denn das, was Freude dir er - scheint, wird mir zu schwe - - rer
1.

Ob.
Clar. B.
Fag.
Cor. C.
Tr. C.
Timp.
Ada.
Pein! Ich muß von dir jetzt wie-der fort, du folg'den Dei-nen in dein Land!
Ar.
O Gott! Ich soll mich von dir
Vl. I.
Vl. II.
Vla.
Vcl.
Basso.
Ob.
Clar. B.
Fag.
Ada.
Für jetzt– wenn nicht für immer-dar! O, könnt'ich al-les dir ver-trau-en;
Ar.
trennen?
Vl. I.
Vl. II.
Vla.
Vcl. e Basso.

Ob.
Clar. B.
Fag.
Cor.C.
Ada.
doch dies ver bietet mein Ge_schick.
Schon mor_gen, bitt - - res
Ar.
So sprich! Wann se_he ich dich wieder?
Vl. I.
Vl. II.
Vla.
Vcl. e Basso.
Fl.
Ob.
Clar. B.
Fag.
Cor. C.
Ada.
Wie - der-sehn!
Zu deinem Un - glück siehst du mich!
Zemina.
(bei Seite zu Farzana.)
Du weißt, er muß ihr jet_zo
Ar.
Schon morgen, morgen, welches Glück!
Vl. I.
Vl. II.
Vla.
Vcl. e Basso.

Ob.
Fag.
Ada.
Zem.
Ver-
schwören, auf kei-nen Fall sie zu ver-flu-chen!
Farzana.
(bei Seite)
Doch da er's nimmer hal-ten kann so muß der Mein-eid ihn ver-der-ben!
Vl. I.
Vl. II.
Vla.
Vcl. e Basso.
Fl.
Ob.
Clar. B.
Fag.
Cor. C.
Tr. C.
Timp.
Ada.
nimm denn, was ich dir ver-kün-de! Schon morgen ist der schwe-re Tag, der uns für immer tren-nen kann! Nur wenn du
trem.
cresc.
Vl. I.
Vl. II.
Vla.
Vcl. e Basso.

Fl.
Ob.
Clar. B.
Fag.
Cor. C.
Ada.
im-mer standhaft bist, wird er für uns ein Tag des Glück's.
Was du auch mor-gen
Ar.
O re-de, du machst mich un-geduldig!
Vl. I.
Vl. II.
Vla.
Vcl. e Basso.
Fl.
Ob.
Clar. B.
Fag.
Cor. C.
Tr. C.
Ada.
se-hen magst, was dir für Un-heil auch be-ge-gne, was dich für Schrecken auch be-drohen, O
Vl. I.
Vl. II.
Vla.
Vcl. e Basso.

Fl.
Ob.
Clar. B.
Fag.
Cor.C.
Tr. C.
Ada.
A - rin-dal! O A - rin-dal, laß' nimmer dich so weit ver - lei-ten, mich, dei - ne Gat-tin zu ver-
Vl. I.
Vl. II.
Vla.
Vcl. e Basso.
Fl.
Ob.
Clar. B.
Fag.
a 2
Cor.C.
Ada.
flu-chen! Sei standhaft denn, und schwö - re mir's, ach schwöre nicht!
p (schnell)
Ar.
Was hö - re ich! Du spot-test mein! Ich schwö -
Vl. I.
Vl. II.
Vla.
Vcl. e Basso.

colla parte
Fl.
Ob.
Clar. B.
Fag.
a 2
Cor. C.
a 2
Tr. C.
Timp.
wendet mit Entsetzen sich ab.
ad lib.
Ada.
Weh' mir,
er hat geschworen!
Zemina.
Habt ihr's gehört, er hat ge-schworen!
Farzana.
Habt ihr's gehört, er hat ge-schworen!
Ar.
- re dir's!
Gunther.
Er schwur!
Morald.
Er schwur!
Gernot.
Er schwur!
Soprano.
Chor der Feen.
Er schwur!
Alto.
Tenore.
Chor der Gefährten.
Er schwur!
Basso.
Vl. I.
Vl. II.
trem.
Vla.
trem.
Vcl. e Basso.
colla parte

Adagio.

Clar. B. / Fag. / Cor. C. / Timp. / *Gun.* / *Mor.* / *Gern.* / Vl. I. / Vl. II. / Vla. / Vcl. / Basso.

p — *p cresc.* — *dim.* — *pp*

Gun.: Was ist wohl die Be-deu-tung von dem was er be-

Mor.: Was ist wohl die Be-deu-tung von dem was er be-

Gern.: Was ist wohl die Be-deu-tung von dem was er be-

Ob. / Clar. B. / Fag. / Cor. C. / *Zem.* / *Farz.* / *Gun.* / *Mor.* / *Gern.* / Vl. I. / Vl. II. / Vla. / Vcl. / Basso.

Zem.: Er hat es ihr ge-schworen, und kann nicht mehr zu-rück; der Schwur bringt ihm Ver-der-ben, und

Farz.: Er hat es ihr ge-schworen, und kann nicht mehr zu-rück; der Schwur bringt ihm Ver-der-ben,

Gun.: schwur? Die ihn da-zu ver-moch-te, steht jetzt ge-äng-stet da, die

Mor.: schwur? Die ihn da-zu ver-moch-te, steht jetzt ge-äng-stet da, die

Gern.: schwur? Die ihn da-zu ver-moch-te, steht jetzt ge-äng-stet da, die

Fl.
Ob.
Clar. B.
Fag.
Cor. C.
Tr. C.
Timp.
Ada.
Zem.
trennt von A - da ihn, von A - da ihn. Er hat es ihr ge - schworen, und
Farz.
und trennt von A - da ihn, von A - da ihn. Er hat es ihr ge - schworen,
Ar.
Was ich beschworen ha - be, sei treu - lich auch be -
Gun.
ihn da - zu ver - mochte, steht jetzt geäng - stet da! Was ist wohl die Be -
Mor.
ihn da - zu ver - mochte, steht jetzt geäng - stet da, steht jetzt ge - äng - stet
Gern.
ihn da - zu ver - mochte, steht jetzt geäng - 'stet da, steht jetzt geäng - stet da, was
Vl. I.
Vl. II.
Vla.
Vcl.
Basso.

Fl.
Ob.
Clar. B.
Fag.
Cor. C.
Tr. C.
Timp.
Ada.
Zem.
Farz.
Ar.
Gun.
Mor.
Gern.
Vl. I.
Vl. II.
Vla.
Vcl.
Basso.
cresc.
O
kann nicht mehr zu - rück, der Schwur bringt ihm Ver - der - - - ben,
und kann nicht mehr zu - rück, der Schwur bringt ihm, bringt ihm Ver -
währt, so wie ich heiß sie lie - be, bleibt hei - - - lig auch mein Schwur!
deu - tung, von dem was er be - schwur, die ihn da - zu ver -
da, was ist wohl die Be - deu - tung, von dem was er beschwur,
ist wohl die Bedeutung, von dem was er be - schwur, was er be - schwur, die

Fl.
Ob.
Clar. B.
Fag.
Cor. C.
Tr. C.
Timp.
Ada.
hätt' er nie ge - schwo - ren, den har - - ten Schreckenseid, er
Zem.
und trennt von A - da ihn, der Schwur bringt ihm Ver - der - ben,
Farz.
der - ben, und trennt von A - da ihn, der Schwur bringt ihm Ver -
Ar.
Was ich be - schwo - ren ha - be, sei treu - lich auch be -
Gun.
moch - te, steht jetzt ge - äng - stet da, die ihn da - zu ver - moch - te, steht
Mor.
die ihn da - zu ver - moch - te, steht jetzt ge - äng - stet
Gern.
ihn da - zu ver - moch - te, steht jetzt ge - äng - stet da, die
Vl. I.
Vl. II.
Vla.
Vcl.
Basso.

Fl.
Ob.
a 2
Clar. B.
Fag.
Cor. C.
Tr. C.
Timp.
Ada.
wird ihn nim - mer hal ten und durch ihn un - ter gehn!
Zem.
und trennt von A - da ihn, und trennt von A - da ihn. Er hat es ihr ge -
Farz.
der - ben, und trennt von A - da ihn. Er hat es ihr ge -
Ar.
währt, so wie ich heiß sie lie - be, bleibt hei - lig auch mein Schwur.
Gun.
jetzt ge - äng - stet da, steht jetzt ge - äng - stet da!
Mor.
da, steht jetzt ge - äng - stet da, ge - äng - stet da!
Gern.
ihn da - zu ver - moch - te, steht jetzt ge - äng - stet da!
Vl. I.
Vl. II.
Vla.
Vcl.
Basso.

Fl.
Ob.
Clar. B.
Fag.
Cor. C.
Tr. C.
Timp.
Ada.
O hätt' er nie ge_schworen,
den harten Schrek_kens_eid!
Zem.
schwo_ren,
und kann nicht mehr zu_rück!
Der Schwur bringt
Farz.
schwo_ren,
und kann nicht mehr zu_rück!
Der Schwur bringt
Ar.
Was ich geschwo_ren ha_be,
sei treulich auch be_währt!
So wie ich
Gun.
Was ist wohl die Be_deutung,
von dem was er be_schwur!
Was ist wohl die Be_
Mor.
Was ist wohl die Be_deutung,
von dem was er be_schwur!
Was ist wohl die Be_
Gern.
Was ist wohl die Be_deutung,
von dem was er be_schwur!
Was ist
Vl. I.
Vl. II.
Vla.
Vcl.
Basso.
ff dim.
p
f
p sempre
mezza voce
pp sempre

Fl.
Ob.
Clar. B.
Fag.
Cor. C.
Tr. C.
Timp.
Ada.
mezza voce
Er kann ihn nim_mer hal_ten,
cresc.
wird durch ihn un_ter_
Zem.
ihm Ver_der_ben,
und trennt von A_da ihn, und
Farz.
ihm Verder_ben,
und trennt von A_da ihn, und
Ar.
heiß sie lie_be,
Gun.
deutung, von dem was er be_schwur,
die ihn da_zu ver_mocht, steht
Mor.
deutung, von dem was er be_schwur,
die ihn da_zu ver_mocht, steht
Gern.
wohl die Be_deutung?
die ihn da_zu ver_mocht, steht
Vl. I.
Vl. II.
Vla.
Vcl.
Basso.

Fl.
Ob.
Clar. B.
Fag.
Cor. C.
Tr. C.
Timp.
p cresc.
ff
dim.
Ada.
gehn, ja unter - gehn, und durch ihn un - - - ter -
Zem.
trennt von A - da ihn, von A - da
Farz.
trennt von A - da ihn, von A - da
Ar.
bleibt hei - lig auch mein Schwur; so wie ich heiß sie lie - be, bleibt hei - lig auch mein
Gun.
jetzt ge - äng - stet da, ge - äng - - stet
Mor.
jetzt ge - äng - stet da, ge - äng - stet
Gern.
jetzt ge - äng - stet da, ge - äng - stet
Vl. I.
Vl. II.
Vla.
Vcl.
Basso.

Fl.
Ob.
Clar. B.
Fag.
Cor. C.
Tr. C.
Timp.
mit großem Schmerz
Ada.
gehn, und durch ihn un-ter-gehn ja un-ter-gehn, und durch ihn
Zem.
ihn, und trennt von A-da ihn, trennt
Farz.
ihn, und trennt von A-da ihn, trennt
Ar.
Schwur, so wie ich heiß sie. liebe, bleibt hei-lig auch mein
Gun.
da, steht jetzt ge-äng-stet da, steht
Mor.
da, steht jetzt ge-äng-stet da, steht
Gern.
da, steht jetzt ge-äng-stet da, steht
Vl. I.
Vl. II.
Vla.
Vcl.
Basso.

Fl.
Ob.
Clar. B.
Fag.
Cor. C.
Tr. C.
Timp.
Ada.
un - - - ter gehn!
Zem.
von A - da ihn!
Farz.
von A - da ihn!
Ar.
Schwur, auch mein Schwur!
Gun.
jetzt ge - äng - stet da!
Mor.
jetzt ge - äng - stet da!
Gern.
jetzt ge - äng - stet da!
Vl. I.
Vl. II.
Vla.
Vcl.
Basso.
p
pp
p cresc.

Allegro maestoso.
Fl.
Ob.
Clar. B.
Fag.
Cor. C.
Tr. C.
Timp.
Ada.
Zem.
Farz.
Ar.
Gun.
Mor.
Gern.
Soprano.
Alto.
Chor der Feen.
Tenore.
Basso.
Chor der Gefährten.
Vl. I.
Vl. II.
Vla.
Vcl.
Basso.
Allegro maestoso.

Fl.
Ob.
Clar. B.
Fag.
Cor. C.
Tr. C.
Timp.
Ada.
Zem.
Farz.
Ar.
Gun.
Mor.
Gern.
Dir tö - net freu-dig un-ser Ju-bel, als uns're Für-stin sei ge - grü - ßet; es schallt hin - auf in al - le
Auf komm mit uns nach deinem Lande, zu deinem Rei - che keh-re heim; läßt du noch län-ger hier dich
Auf komm mit uns nach deinem Lande, zu deinem Rei - che keh-re heim; läßt du noch län-ger hier dich
Vl. I.
Vl. II.
Vla.
Vcl.
Basso.

Fl.
Ob.
Clar. B.
Fag.
Cor. C.
Tr. C.
Timp.

Ada.
Zem. So rei - ße dich aus sei-nen Armen,
Farz. So rei - ße dich aus sei-nen Armen,
Ar. So laß ich dich aus mei-nen Ar - men, bis zum be-glückten
Gun. Auf kommmit uns nach dei-nem Lande,
Mor. Auf kommmit uns nach dei-nem Lande,
Gern. Auf kommmit uns nach dei-nem Lande,

Räume, der Preisgesang der Kö - ni - gin!

halten, muß Land und Schwester un-ter-gehn!
halten, muß Land und Schwester un-ter-gehn!

Vl. I.
Vl. II.
Vla.
Vcl.
Basso.

Fl.
Ob.
Clar. B.
Fag.
Cor. C.
Tr. C.
Timp.
Ada.
Zem.
das Volk will dich ge_krönet sehn! Laß länger nicht zu_rück dich hal_ten,
Farz.
das Volk will dich ge_krönet sehn! Laß länger nicht zu_rück dich hal_ten,
Ar.
Wie_ der_sehn; ich schwur dir Treu' und will sie hal_ten, und sollt' ich drü_ber
Gun.
zu dei_nem Rei_che keh_re heim. Läßt du noch län_ger dich hier hal_ten,
Mor.
zu dei_nem Rei_che keh_re heim. Läßt du noch län_ger dich hier hal_ten,
Gern.
zu dei_nem Rei_che keh_re heim. Läßt du noch län_ger dich hier hal_ten,
Vl. I.
Vl. II.
Vla.
Vcl.
Basso.

Fl.
Ob.
Clar. B.
Fag.
Cor. C.
Tr. C.
Timp.
Ada.
Zem.
der Hul-di-gung ent-gegen gehn!
Farz.
der Hul-di-gung ent-gegen gehn!
Ar.
un-ter-gehn!
Gun.
muß Land und Schwester unter-gehn!
Mor.
muß Land und Schwester unter-gehn!
Gern.
muß Land und Schwester unter-gehn!
Es schallt hin-auf in al-le Räu-me der Preis-ge-sang der Kö-ni-gin! Es
Läßt du noch länger hier dich hal-ten, muß Land und Schwester untergehn!
Vl. I.
Vl. II.
Vla.
Vcl.
arco
Basso.
f
p
p cresc.
mf
cresc.
mf cresc.
tr

Fl.
Ob.
Clar. B.
Fag.
Cor. C.
Tr. C.
Timp.
Ada.
Zem.
Laß länger nicht zurück dich halten, der Hul_di_gung ent_gegengehn! Laß länger nicht
Farz.
Laß länger nicht zurück dich halten, der Hul_di_gung ent_gegengehn! Laß länger nicht
Ar.
Ich schwur die Treu, und will sie
Gun.
Läßt du noch hier zurück dich halten, so muß das Land noch untergehn! Läßt du noch hier
Mor.
Läßt du noch hier zurück dich halten, so muß das Land noch untergehn! Läßt du noch hier
Gern.
Läßt du noch hier zurück dich halten, so muß das Land noch untergehn! Läßt du noch hier
schallt hin_auf in al_le Räu_me, es schallt hin_
Läßt du dich hier zurück noch halten, so muß das Land noch unter gehn! Läßt du dich
Vl. I.
Vl. II.
Vla.
Vcl. e Basso.
cresc.

Fl.
Ob.
Clar. B.
Fag.
Cor. C.
Tr. C.
Timp.
f sempre
Ada.
Zem.
zu-rück dich hal-ten, der Hul-di-gung ent-ge-gen gehn, der Hul-di-
Farz.
zu-rück dich hal-ten, der Hul-di-gung ent-ge-gen gehn, der Hul-di-
Ar.
hal-ten, und sollt' ich drü-ber- un-ter-gehn, und sollt' ich
Gun.
zu-rück dich hal-ten, so muß das Land noch un-ter-gehn, so muß das
Mor.
zu-rück dich hal-ten, so muß das Land noch un-ter-gehn, so muß das
Gern.
zu-rück dich hal-ten, so muß das Land noch un-ter-gehn, so muß das
auf in al-le Räu-me der Preis-ge-
hier zu-rück noch hal-ten, so muß das Land, so muß das
Vl. I.
Vl. II.
Vla.
Vcl. e Basso.
f
f sempre

Fl.
Ob.
Clar. B.
Fag.
Cor. C.
Tr. C.
Timp.
Ada.
Zem.
gung ent-ge-gen-gehn, ent-ge-gen-gehn. Auf
Farz.
gung ent-ge-gen-gehn, ent-ge-gen-gehn. Auf
Ar.
drü-ber un-ter-gehn, und sollt' ich un-ter-gehn, und sollt' ich un-ter-
Gun.
Land noch un-ter-gehn, noch un-ter-gehn. Auf
Mor.
Land noch un-ter-gehn, noch un-ter-gehn. Auf
Gern.
Land noch un-ter-gehn, noch un-ter-gehn. Auf
-sang der Kö-ni-gin, der Preis-ge-sang der Kö-ni-gin, der Preis-ge-
Land noch un-ter-gehn, so muß das Land noch un-ter-gehn, so muß das
Vl. I.
Vl. II.
Vla.
Vcl. e Basso.

ritard.
a tempo
Fl.
Ob.
Clar. B.
ad lib.
Fag.
Cor. C.
Tr. C.
Timp.
Ada.
So laß ich dich aus mei_nen Ar - men,
Zem.
komm! Auf komm! Auf komm!
Auf
Farz.
komm! Auf komm! Auf komm!
Auf
Ar.
gehn, und sollt' ich drü - ber un_ter_gehn!
Gun.
komm! Auf komm! Auf komm!
Auf
Mor.
komm! Auf komm! Auf komm!
Auf
Gern.
komm! Auf komm! Auf komm!
Auf
-sang der Kö - ni - gin!
Dir tö - net freu_dig un_ser
Land noch un - ter_gehn!
Auf komm mit uns zu dei_nem
Vl. I.
Vl. II.
Vla.
Vcl. e Basso.
ritard.
a tempo

Fl.
Ob.
Clar. B.
Fag.
Cor. C.
Tr. C.
Timp.
Ada.
wir werden bald uns wie - der-sehn; o mö-gest dei-nen Schwur du hal - ten, sonst mußt du
Zem.
komm! Auf komm! Laß
Farz.
komm! Auf komm! Laß
Ar.
Gun.
komm! Auf komm! Laß
Mor.
komm! Auf komm! Laß
Gern.
komm! Auf komm! Laß
Ju - bel, als uns're Fürstin sei ge-grüßt! Es schallt hin - auf in al - le
Lan - de, zu dei-nem Rei-che keh - re heim! Läßt du noch länger hier dich
Vl. I.
Vl. II.
Vla.
Vcl. e Basso.

Fl.
Ob.
Clar. B.
Fag.
Cor. C.
Tr. C.
Timp.
Ada.
mit mir un_ter - gehn, sonst mußt du mit mir un - ter.
Zem.
län - ger nicht, laß län_ger nicht zurück dich halten!
Farz.
län - ger nicht, laß län_ger nicht zurück dich halten!
Ar.
Ich schwur dir Treu' und will sie
Gun.
län - ger nicht zu - rück dich halten!
Mor.
län - ger nicht zu - rück dich halten!
Gern.
län - ger nicht zu - rück dich halten!
Räume der Preis - ge - sang der Kö - ni - gin!
hal_ten, muß Land und Schwe - ster un - ter - gehn!
Vl. I.
fp cresc.
Vl. II.
fp cresc.
Vla.
Vcl. e Basso.

Allegro di molto.
Fl.
Ob.
Clar. B.
Fag.
Cor. C.
Tr. C.
Timp.
Ada.
gehn!
Leb wohl mein A-rin-dal,
Zem.
Auf A-da fol-ge uns,
Farz.
Auf A-da fol-ge uns,
Ar.
halten!
Leb wohl du mein Ge-mahl,
Gun.
Auf Kö-nig fol-ge uns,
Mor.
Auf Kö-nig fol-ge uns,
Gern.
Auf Kö-nig fol-ge uns,
Heil schöne A-da dir!
Auf König fol-ge uns,
Vl. I.
Vl. II.
Vla.
Vcl. e Basso.
Allegro di molto.

Fl.
Ob.
Clar. B.
Fag.
a 2
Cor. C.
Tr. C.
Timp.
Ada.
und blei_be e_wig treu, und bleibe e_ _ _wig,
Zem.
zum fro_hen Fe_ste hin! Auf folge uns!
Farz.
zum fro_hen Fe_ste hin! Auf folge uns!
Ar.
ich bleibe e_wig treu! Ich bleibe e_ _ _wig,
Gun.
nach dei_ner Hei_mat hin! Auf folge uns!
Mor.
nach dei_ner Hei_mat hin! Auf folge uns!
Gern.
nach dei_ner Hei_mat hin! Auf folge uns!
Heil uns'rer Kö_ni_ _gin! Heil sei dir!
Nach dei_ner Hei_mat hin! Fol_ge uns!
Vl. I.
f cresc.
Vl. II.
cresc.
Vla.
cresc.
Vcl. e Basso.

Fl. — *mf cresc.*
Ob. — a 2 — *f* — *f* — *mf cresc.*
Clar. B. — *f* — *mf cresc.*
Fag. — a 2 — *f* — *mf cresc.*
Cor. C. — *f* — *f* — *p cresc.*
f — *f* — *p cresc.*
Tr. C. — *f* — *f* — *p cresc.*
Timp. — *f* — *f* — *p cresc.*

Ada. e - wig blei - be treu, blei - - be e - - -
Zem. Auf fol - ge uns! Auf A - - da fol - - -
Farz. Auf fol - ge uns! Auf A - - da fol - - -
Ar. e - - wig treu! Ich blei - - be e - - - -
Gun. Auf fol - ge uns! Auf Kö - nig fol - - -
Mor. Auf fol - ge uns! Auf Kö - - nig fol - - -
Gern. Auf fol - ge uns! Auf König fol - ge, fol - ge uns nach deiner

p cresc.
Heil sei schö - ne A - da, sei A - da dir! Fol - ge uns, fol - ge uns, fol - ge
p cresc.

p cresc.
Auf und fol - ge nach dei - ner Hei - mat uns! Fol - ge uns, fol - ge uns,
p cresc.

Vl. I. — *f* — *mf cresc.*
Vl. II. — *f* — *mf cresc.*
Vla. — *f* — *mf cresc.*
Vcl. e Basso. — *f* — *f* — *mf cresc.*

Fl.
a 2
Ob.
Clar. B.
Fag.
Cor. C.
Tr. C.
Timp.
Ada.
- - - - - - - - wig, e - - wig treu! Leb wohl mein A - rin - dal, und
Zem.
- ge uns zum fro - hen Fe - ste hin! Auf A - da fol - ge uns zum
Farz.
- ge uns zum fro - hen Fe - ste hin! Auf A - da fol - ge uns zum
Ar.
- - - - - - - wig, ich blei - be e - wig treu! Leb wohl dann mein Ge - mahl, ich
Gun.
- ge uns nach dei - ner Hei - mat hin! Auf Kö - nig fol - ge uns nach
Mor.
- ge uns nach dei - ner Hei - mat hin! Auf Kö - nig fol - ge uns nach
Gern.
Hei - mat hin, nach dei - ner Hei - mat hin! Auf Kö - nig fol - ge uns nach
uns! Heil schö - ne A - da dir! Heil schöne A - da dir! Heil uns'rer Kö - ni -
fol - ge uns nach deiner Hei - mat hin! Auf Kö - nig fol - ge uns nach dei - ner Heimat
Vl. I.
Vl. II.
Vla.
Vcl. e Basso.

Fl.
Ob.
Clar. B.
Fag.
Cor. C.
Tr. C.
Timp.
Ada.
blei_be e_ - - - - - - wig treu!
Zem.
fro_hen Fe_ste hin! Auf fol_ge uns,
Farz.
fro_hen Fe_ste hin! Auf fol_ge uns,
Ar.
blei - be e - - - - - wig treu!
Gun.
deiner Heimat hin! Auf fol_ge uns, auf fol_ge
Mor.
deiner Heimat hin! Auf fol_ge uns, auf fol_ge uns,
Gern.
deiner Heimat hin! Auf fol_ge uns,auf fol_ge uns,
gin! Heil dir! Heil schö - - - - - - -
hin! Auf komm! Nach dei - - - - - - -
Vl. I.
Vl. II.
Vla.
Vcl. e Basso.

Fl.
Ob.
Clar. B.
Fag.
Cor. C.
Tr. C.
Timp.
Ada.
Bleib' e - wig treu! Bleib' e - wig treu!
Zem.
auf fol - ge uns, fol - ge uns! Auf fol - ge uns!
Farz.
auf fol - ge uns, fol - ge uns! Auf fol - ge uns!
Ar.
Ich blei - be treu! Ich blei - be treu!
Gun.
uns, fol - ge uns! Auf fol - ge uns!
Mor.
fol - ge uns! Auf fol - ge uns!
Gern.
fol - ge uns! Auf fol - ge uns!
ne A - da dir! Heil! Heil schö - ne A - da dir!
ner Hei - mat hin! Auf! Auf Kö - nig fol - ge uns!
Vl. I.
Vl. II.
Vla.
Vcl. e Basso.

Fl.
Ob.
Clar. B.
Fag.
Cor. C.
Tr. C.
Timp.
Ada.
Bleib' e - wig treu! Bleib' e - - - - - - - wig
Zem.
Auf fol - ge uns! Auf! Auf fol - ge uns zum fro - hen Fe - ste
Farz.
Auf fol - ge uns! Auf! Auf fol - ge uns zum fro - hen Fe - ste
Ar.
Ich blei - be treu! Ich blei - be e - - - - - - wig
Gun.
Auf fol - ge uns! Auf! Auf fol - ge uns zu dei - ner Hei - mat
Mor.
Auf fol - ge uns! Auf! Auf fol - ge uns zu dei - ner Hei - mat
Gern.
Auf fol - ge uns! Auf! Auf fol - ge uns zu deiner Hei - mat
Heil! Heil uns'-rer Kö - ni - gin! Heil! Heil! Heil! Heil uns' - - rer Kö - ni -
Auf, zu dei - ner Hei - mat hin! Auf! Auf! Fol - ge uns nach deiner Hei - mat
Vl. I.
Vl. II.
Vla.
Vcl. e Basso.
f
ff

Fl. picc.
ff sempre
Fl.
ff sempre
Ob.
ff sempre
Clar. B.
ff sempre
Fag.
ff sempre
Cor. C.
ff sempre
ff sempre
Tr. C.
ff sempre
Timp.
ff sempre
Ada wird in einem Triumphwagen davongezogen.
Ada.
treu!
Zem.
hin!
Farz.
hin!
Ar.
treu!
Gun.
hin!
Mor.
hin!
Gern.
hin!
gin!
hin!
Vl. I.
ff sempre
Vl. II.
ff sempre
Vla.
ff sempre
Vcl. e Basso.
ff sempre

Würzburg, den 6ten August 1833.
Richard Wagner.

II. AKT.

Introduction.

Vorhallen eines Palastes in der Hauptstadt des Reiches Arindals.
Chor der Krieger und des Volkes.

Fl.
Ob.
Clar. B.
Fag.
D. Cor.
B basso
Tr. D.
Timp.
Der Vorhang geht auf.
Vl. I.
Vl. II.
Vla.
Vcl.
Basso.
Chor.
Sopr.
Weh! – uns, Weh! wir sind ge-schlagen! und flüchtig vor dem Feind!
Alto.
Ten.
Weh! – uns, Weh! wir sind ge-schlagen! und flüchtig vor dem Feind, vor dem Feind!
Basso.
Weh! – uns, Weh! wir sind ge-schlagen, und flüchtig vor dem Feind, und flüchtig vor dem Feind!
Vl. I.
Vl. II.
Vla.
Vcl. e Basso.

Fl.
Ob.
Clar. B.
Fag.
D. Cor. B basso.
Tr. D.
Timp.
a 2
Weh uns, Weh uns! wir sind ge-schla-gen, wir sind ge-schla-gen, und
Weh uns, Weh uns! wir sind ge-schla-gen, wir sind ge-schla-gen, und
Weh uns, Weh uns! wir sind ge-schla-gen, wir sind geschlagen,
Vl. I.
Vl. II.
Vla.
Vcl. e Basso.
sempre f
flüch-tig vor dem Feind, und flüchtig vor dem Feind; – schon tobt er vor den Mau-ern, und
flüch-tig vor dem Feind, und flüchtig vor dem Feind; – schon tobt er vor den Mau-ern, und
und flüchtig vor dem Feind, und flüchtig vor dem Feind; – schon tobt er vor den Mau-ern, und

(tranquillo)
Fl.
Ob.
Clar. B.
Fag.
D.
Cor.
B basso.
Tr. D.
Timp.
espr.
1.
droht mit Un - ter - gang, und droht mit Un - - - ter - gang!
droht mit Un - ter - gang, und droht mit Un - - ter - - gang!
droht mit Un - - ter - gang, und droht mit Un - - - - ter - - gang!
Vl. I.
Vl. II.
Vla.
Vcl. e Basso.
cresc.
p cresc.
Zu dir hinauf, o mächt' - ger Gott, zu dir hin - auf, o
Zu dir hinauf, o
Zu dir hinauf, o mächt' - ger Gott, zu dir hin - auf, o mächt' - ger Gott, zu dir, zu dir,
Vcl.
Basso.

Fl.
Ob.
Clar. B.
Fag.
Cor. D.
1. 2.
Zu dir hinauf, o mächt'ger Gott, tönt unser Ruf aus tiefer Not; tönt unser
mächt'ger Gott, zu dir hinauf, o mächt'ger Gott, tönt unser Ruf aus tiefer Not; tönt unser Ruf,
mächt'ger Gott, zu dir hinauf, o mächt'ger Gott, tönt unser Ruf aus tiefer Not; tönt unser
zu dir, o mächt'ger Gott, o mächt'ger Gott, tönt unser Ruf aus tiefer Not; tönt unser
Vl. I.
Vl. II.
Vla.
Vcl. e Basso.
cresc.
a 2
D. Cor.
B basso
Tr. D.
Timp.
Ruf, tönt unser Ruf aus tiefer Not: – Er - hö - re uns! Er - hö - re
tönt unser Ruf aus tiefer Not: – Er - hö - re uns! Er - hö - re
Ruf, tönt unser Ruf aus tiefer Not: – Er - hö - re uns! Er - hö - re
Ruf, tönt unser Ruf aus tiefer Not: – Er - hö - re uns! Er - hö - re

Fl.
Ob.
Clar. B.
Fag.
D. Cor. B basso.
Tr. D.
Timp.
uns! Er - hör' uns, und steh uns bei! Er - hö - re uns, er - hö - re uns, und steh uns bei, und
uns! Er - hör' uns, und steh uns bei! Er - hör' uns, er - hör' uns, und steh uns bei, und
uns! Er - hör' uns, und steh uns bei! Er - hör' uns, er - hör' uns, und steh uns bei, und
uns! Er - hör' uns, und steh uns bei! Er - hö - re uns, er - hö - re uns, und steh uns bei, und
Vl. I.
Vl. II.
Vla.
Vcl.
Basso.
Fl.
Ob.
Clar. B.
a 2
Fag.
D. Cor. B basso.
Tr. D.
Timp.
steh uns bei, und steh uns bei! Uns drängt die To - desangst, der
steh uns bei, und steh uns bei! Uns drängt die To - desangst, der
steh uns bei, und steh uns bei! Uns drängt die To - desangst, die To - desangst, der
steh uns bei, und steh uns bei! Uns drängt die To - desangst, uns drängt die To - desangst, der
Vl. I.
Vl. II.
Vla.
Vcl.
Basso.

Fl.
Ob.
Clar. B.
Fag.
D. Cor. B basso.
Tr. D.
Timp.
Vl. I.
Vl. II.
Vla.
Vcl.
Basso.
cresc.
a 2
sempre f
Hül - fe Ruf um - sonst! Ver - der - ben har - ret uns, Ver - derben har - ret uns, und
Hül - fe Ruf um - sonst! Ver - der - ben har - ret uns, Ver - derben har - ret uns, und
Hül - fe Ruf um - sonst! Ver - derben harret uns, Ver - derben harret uns, und
Hül - fe Ruf um - sonst! Ver - der - ben har - ret uns, Ver - derben har - ret uns, und
ff
droht mit Qua - len - tod, und droht mit Qualen - tod, mit Qua - len - tod,
droht mit Qua - len - tod, und droht mit Qualen - tod, mit Qua - len - tod,
droht mit Qua - len - tod, und droht mit Qualen - tod, mit Qua - len - tod,
droht mit Qua - len - tod, und droht mit Qualen - tod, mit Qua - len - tod; Ver - der - ben har - ret

Fl.
Ob.
Clar. B.
Fag.
D. Cor.
B basso.
Tr. D.
Timp.
a 2
(Lora tritt auf in Waffenrüstung.)
und droht mit Qua - len - tod, und droht mit Qua - len - tod!
und droht mit Qua - len - tod, Ver - der - ben har - ret uns, und droht mit Qua - len - tod!
und droht mit Qua - len - tod, und droht mit Qua - len - tod!
uns, und droht mit Qua - len - tod, und droht mit Qua - len - tod!
Vl. I.
Vl. II.
Vla.
Vcl.
Basso.
Recit.
a tempo
p cresc.
Lora.
Was drängt euch so, mit harter Todes - angst, daß ihr mit solchem Schrei die Luft er - füllt?
Geschla - gen sind wir
Geschla - gen sind wir
fp
Vcl. e Basso.

Recit.
Fl.
Ob.
Clar. B.
Fag.
D. Cor.
B basso.
Tr. D.
Timp.
Lora.
Kleinmü_ti_ge! Warum sogleich ver_za_gen! Auf wen drängt sich mehr Mißgeschick zu_
wieder, dem Un_tergang ge_weiht.
wieder, dem Un_tergang ge_weiht.
Vl. I.
Vl. II.
Vla.
Vcl. e Basso.
Allegro.
Clar. B.
Fag.
Cor. B basso.
Lora.
sammen, als auf mich selbst, die ich ein schwaches Weib?
Mein Va_ter starb, mein Bru_der ist ent_fernt,
Vl. I.
Vl. II.
Vla.
Vcl. e Basso.

colla parte.
Recit.
Ob.
Clar. B.
Fag.
Cor. B basso.
3.4.
Lora.
ad lib.
und selbst den teuren Freund muß ich ver-missen.– So steh ich ganz allein, und kämpfe selbst entgegen dem, der mich zum
Vl. I.
Vl. II.
Vla.
Vcl. e Basso.
a tempo
Recit.
Fl.
Ob.
Clar. B.
Fag.
D. Cor. B basso.
Lora.
Weib begehrt!
So seid ihr nicht mehr zu be-
Wir eh-ren dei-nen Mut;– dennoch sind wir ver-lo-ren!
Wir eh-ren dei-nen Mut;– dennoch sind wir ver-lo-ren!
Vl. I.
Vl. II.
Vla.
Vcl.
Basso.

Andante. Recit.
Clar. B.
Fag.
D. Cor. B basso
Lora.
we_gen denn?
habt ihr ver_ges_sen
Groma's Weissagung,
daß die_ses Reich niemals ver _ lo_ren geh', so bald uns
Vl. I.
Vl. II.
Vla.
Vcl. e Basso.
Tempo I.
Fl.
Ob.
A_rindal zurückge_kehrt?
Doch wer sagt dies uns an, daß je zurück er keh_re?
Doch wer sagt dies uns an, daß je zurück er keh_re?

Tempo I.
Fl.
Ob.
Clar. B.
Fag.
Cor. B basso.
3. 4.
Lora.
Sand' ich den teu-ren Mo-rald sel-ber nicht, ihn auf-zu-suchen und zurück zu bringen?
Un - glück - - li-che, wohl
Un - glück - - li-che, wohl
Vl. I.
Vl. II.
Vla.
Vcl.
Basso.
Recit.
a tempo
Was sagt ihr?
Weh' mir, wenn es möglich sei!
längst ist A - - rin-dal da - hin!
längst ist A - - rin-dal da - hin!

Recit.
poco Andante
Clar. B.
Fag.
Lora.
Ihr weckt des eig'nen Herzens trü_be Ahnung! Sie kehrten nimmer, nimmer mir zu_rück!
Vl. I.
Vl. II.
Vla.
Vcl.
Basso.
Larghetto.
Aria.
Fl.
Ob.
pizz.
arco
O must du Hoff_nung

Ob.
Clar. B.
Fag.
Cor. B basso.
3.4.
Lora.
schwinden, die du mein einz'ger, einz' - ger Trost, die mich in schwe - ren Lei - den, mit holdem, ja mit hol - dem
Vl. I.
p dolce
Vl. II.
Vla.
Vcl.
Basso.
Arm um - fing, mit hol - dem Arm um - fing; den Bruder bald zu se - hen,
espress.
arco
war mir ein fro - her Wahn; — den Freund bald zu um - armen, war höch - ste Won - ne mir, war

Fl.
Ob.
Clar. B.
Fag.
Lora.
höch - ste Won - ne mir! Und kehrte keiner wieder, – welch qua_len_voll Ge-
Vl. I.
Vl. II.
Vla.
Vcl.
Basso.

Fl.
Ob.
Clar. B.
Fag.
Cor. B basso.
Lora.
schick, welch qualenvoll Ge_schick! – So müßt ich ganz ver_las_sen, al - lein, al - lein zu
Vl. I.
Vl. II.
Vla.
Vcl.
Basso.

Ob.
Clar. B.
Fag.
Cor. B basso.
Lora.
Vl. I.
Vl. II.
Vla.
Vcl.
Basso.
1.
a 2
3.4.
p cresc.
cresc.
dim.
p
Grunde geh'n, ver - lassen, al - lein, al - lein zu Grun - de
Allegro.
Recit.
Fl.
Ob.
Clar. B.
Fag.
1.2.
Cor. C.
Tr. C.
in G. C.
Timp.
Lora.
Bote.
Vl. I.
Vl. II.
Vla.
Vcl.
Basso.
cresc.
f
geh'n!
(Ein Bote tritt auf.)
Heil euch! Ich bringe frohe Kunde, mit A - rindal kehrt

a tempo

Ob. — *p cresc.*
Clar. B. — *p cresc.*
Fag. — a2 — *p cresc.*
Cor. C. — 1.2. — *p cresc.*
Lora. — Kaum trau' ich meinem Ohr! – Wo sahst du sie? –
Bote. — Mo-rald uns zu-rück! … Ich zog mit aus, den König aufzu-
Sopr. — *p cresc.* — Was sagt er? Gott – wär's möglich?
Alto. — *p cresc.*
Ten. — *p cresc.* — Was sagt er? Gott – wär's möglich?
Basso. — *p cresc.*
Vl. I. — *fp*
Vl. II. — *fp*
Vla. — *fp*
Vcl. e Basso. — *fp*

colla parte

Fl. — 1. — *più f* — *f* — *ff*
Ob. — *più f* — *f* — *ff*
Clar. B. — *più f* — *f* — *ff*
Fag. — *più f* — *f* — *ff*
Cor. C. — *più f* — *f* — *ff*
Tr. C. — *ff*
Timp. — *ff*
Lora. — *ad lib.* — Sie keh-ren mir zu-rück! Wie
Bote. — suchen, wir fanden und be-wo-gen ihn zur Rückkehr!
Vl. I. — *f* — *ff*
Vl. II. — *f* — *ff*
Vla. — *f* — *ff*
Vcl. — *f* — *ff*
Basso. — *f* — *ff*

Allegro molto.

Ob.
Clar. B.
Fag.
Cor. C.
Tr. C.
Timp.
Lora.
Won - ne-glut, den Busen fühl' ich hoch sich he - ben, und froh er - bebt mein hei - ßes
Vl. I.
Vl. II.
Vla.
Vcl. e Basso.
cresc.
Fl.
Herz! Wie faß ich mich vor ho - her Freude, wie faß ich mich vor
Sopr.
Welch ho-he Freude wird uns wieder, der Teure kehret uns zu - rück, die Hoffnung soll uns wieder heben, voll Wonne
Alto.
Ten.
Welch ho-he Freude wird uns wieder, der Teure kehret uns zu - rück, die Hoffnung soll uns wieder heben, voll Wonne
Basso.

Fl.
Ob.
Clar. B.
Fag.
Cor. C.
Tr. C.
Timp.
Lora.
Won - ne-glut! Wie faß
at-me je-des Herz! Welch ho-he Freude, welch ho-he Freude wird uns wieder,
at-me je-des Herz! Welch ho-he Freude, welch ho-he Freude wird uns wieder,
Vl. I.
Vl. II.
Vla.
Vcl. e Basso.
ich mich vor Won - - - ne-glut! Den Bu-sen fühl' ich hoch sich he-ben, und froh er-
es kehrt der Teu - re uns zu-rück!
es kehrt der Teu - re uns zu-rück!
pizz.
pizz.
pizz.
pizz.

Fl. Ob. Clar. B. Fag. Cor. C. *Lora.* Vl. I. Vl. II. Vla. Vcl. Basso.

Lora. bebt mein hei-ßes Herz, und froh er-bebt mein hei-ßes Herz!

Lora. Den teu-ren Bru-der soll ich seh'n, deß Un-tergang ich schon be-

Lora. klagt Geliebter Freund, du keh-rest wieder, und eilst in dei-ner Treu-en

Fl.
Ob.
Clar. B.
Fag.
Cor. C.
Lora.
Arm!
Wie faß ich
mich!
Der Teu-re kehret uns zu-rück;
die Hoffnung soll uns wie-der
Der Teu-re kehret uns zu-rück;
die Hoff-nung soll uns wieder
Der Teu-re keh-ret uns zu-rück;
die Hoffnung soll uns wie-der
Der Teu-re keh-ret uns zu-rück;
die Hoffnung soll uns wie-der
Vl. I.
Vl. II.
Vla.
Vcl. e Basso.
p dolce
cresc.
a 2
p cresc.
Wie faß ich mich!
Wie faß ich mich!
Wie
he-ben, die Hoffnung soll uns he-ben, die Hoffnung soll uns he-ben,
he-ben, die Hoff-nung soll uns he-ben, die Hoffnung soll uns he-ben,
he-ben, die Hoff-nung soll uns he-ben, die Hoff-nung soll uns he-ben,

Fl.
Ob.
Clar. B.
Fag.
Cor. C.
Tr. C.
Timp.
Lora.
Vl. I.
Vl. II.
Vla.
Vcl. e Basso.

f — più *f* — *ad lib.* — *p* — 1.

Lora.: faß — ich mich! Wie faß — ich — mich vor ho - her

die Hoffnung soll uns he - - - - ben!

die Hoffnung soll uns he - - - - ben!

Fl.
Ob.
Clar. B.
Fag.
Cor. C.
Tr. C.
Timp.
Lora.
Vl. I.
Vl. II.
Vla.
Vcl. e Basso.

1. — *p* — a 2 — *f*

Lora.: Freude, wie faß — ich — mich vor Won - ne - glut, vor Won - - - - - - -

Welch hohe Freu - de wird uns wieder, der Teure

Welch hohe Freu - de wird uns wieder, der Teure

Fl.
Ob.
Clar. B.
Fag.
a 2
Cor. C.
Tr. C.
Timp.
Lora.
- - - ne - glut! Den Bu - - sen fühl' ich hoch sich he - - - - ben, und froh er -
keh - ret uns zu - rück! Der Teu - re keh - ret uns zu - rück!
keh - ret uns zu - rück! Der Teu - re keh - ret uns zu - rück!
Vl. I.
Vl. II.
Vla.
Vcl. e Basso.
Fl.
Ob.
Clar. B.
Fag.
Cor. C.
Tr. C.
Timp.
Lora.
bebt mein hei - ßes Herz, und froh er - bebt mein hei - ßes Herz,
Die Hoff - nung soll uns wieder heben, voll Won - ne at - me je - des
Die Hoffnung soll uns wieder heben, voll Won - ne at - me je - des
Die Hoff - nung soll uns wieder heben, voll Won - ne
Vl. I.
Vl. II.
Vla.
Vcl. e Basso.

Fl.
Ob.
Clar. B.
Fag.
Cor. C.
Tr. C.
Timp.
Lora.
a 2
Lora eilt ab.
mein hei - - - - - - ßes Herz!
Herz, ja je - - des Herz, voll Won - ne at - me je - des Herz!
Herz, je - des Herz, ja je - des Herz, voll Won - ne at - me je - des Herz!
at - me je - des Herz, ja je - des Herz, voll Won - ne at - me je - des Herz!
Vl. I.
Vl. II.
Vla.
Vcl.
Basso.
attacca

Chor und Terzett.

Lora, Arindal und Morald.

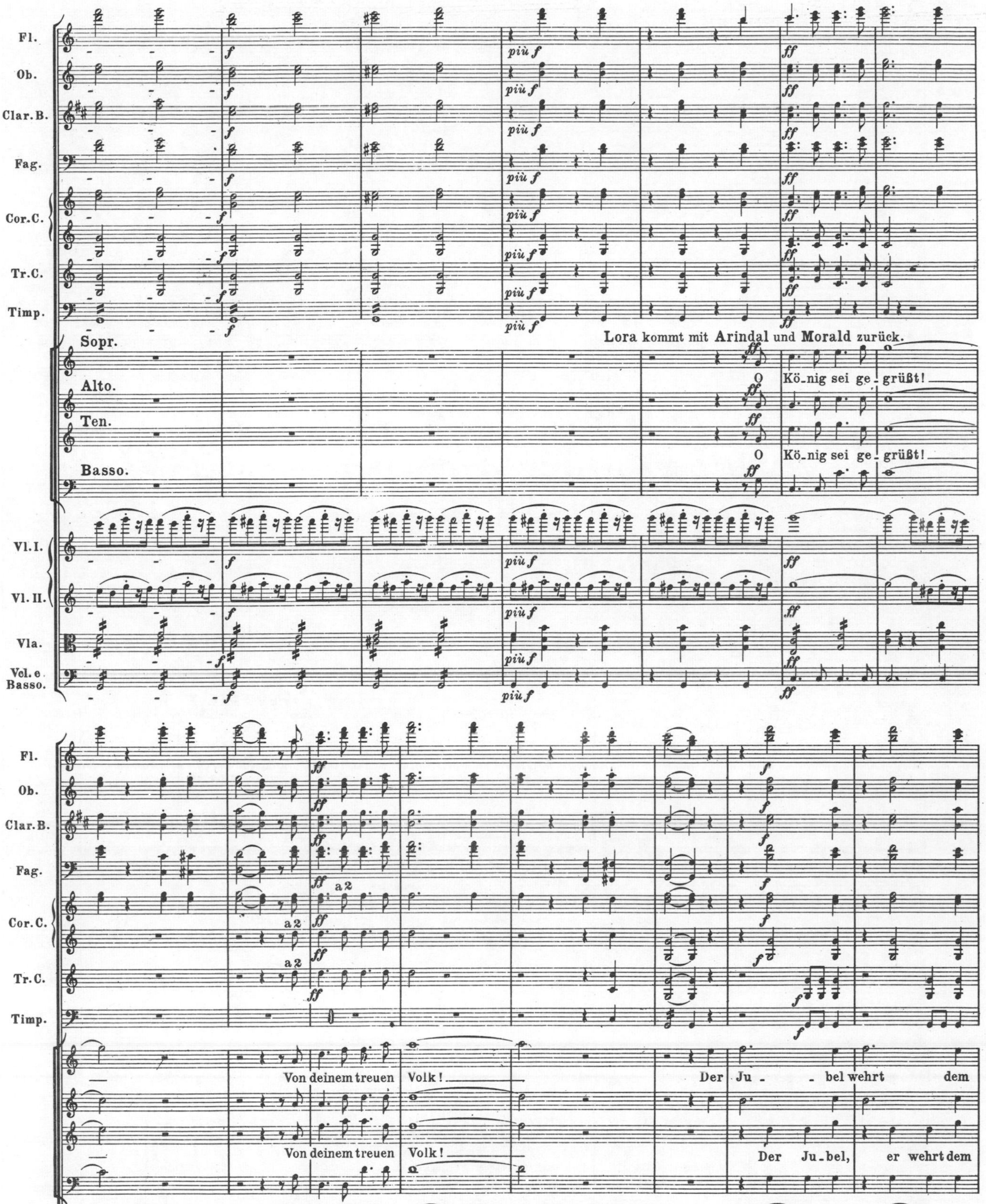

Lora kommt mit Arindal und Morald zurück.

Sopr. / Ten.: O König sei gegrüßt!

Sopr. / Ten.: Von deinem treuen Volk!

Sopr.: Der Jubel wehrt dem

Ten. / Basso: Der Jubel, er wehrt dem

Fl.
Ob.
Clar. B.
Fag.
Cor. C.
Tr. C.
Timp.
Leid bei deiner Wiederkehr, bei deiner Wiederkehr, bei deiner Wieder-
Leid bei deiner Wiederkehr, bei deiner Wiederkehr, bei deiner Wieder-
Vl. I.
Vl. II.
Vla.
Vcl.
Basso.
a 2
1. 2. in F.
in F.
in F. C.
Arindal.
O, hemmet
kehr! Sei gegrüßt! sei gegrüßt! sei gegrüßt! Sei gegrüßt!
kehr! Sei gegrüßt! sei gegrüßt! sei gegrüßt! Sei gegrüßt!
kehr! Sei gegrüßt! sei gegrüßt! sei gegrüßt! Sei gegrüßt!
Vcl. e Basso.

un poco riten.

Fl. / Ob. / Clar. B. / Fag. / Cor. C. / Ar. / Vl. I. / Vl. II. / Vla. / Vcl. e Basso.

Ar.: die - ses Ju - bel's Tö - ne, mit Schrek - ken's - mah - nung drängt er mich! Denn ach!

Ar.: Zum reichen Kö - nigs - mantel wird mir des Va - ter's Grab - gewand! Zum reichen Königsmantel,

Tempo I.

p dolce

Ar.: wird mir sein Grabgewand!

Fl.
Ob.
Clar. B.
Fag.
Morald.
O Lo-ra, sieh, was ich ver-sprochen, das hielt ich trotz Ge-fahren dir; den teuren
Vl. I.
Vl. II.
Vla.
Vcl.
Basso.
p dolce
colla parte
a tempo
Lora.
Mor.
ad lib.
Bru - - - der bring' ich wieder, ge-den-kest du des sü - - ßen Lohn's?
O, welchen
p cresc.
Cor. C.
Lohn, soll ich dir - ge-ben, für dieser Won - - - ne Ü-bermaß! den Freund, den Bru-der hab' ich
Vcl. e Basso.

a tempo
Fl.
Ob.
Clar. B.
Fag.
F.
Cor.
C.
Tr. F.
Timp.
Lora.
wieder, vor - ü - ber seh' ich al - - les Leid!
Ich
Mor.
Ich
Vl. I.
Vl. II.
Vla.
Vcl. e Basso.
Allegro con brio.
a 2
seh' dem Schick - sal froh ent - gegen, und füh - le neu ge - rü - - stet mich; denn Ret - tung naht dem
seh' dem Schick - sal froh ent - gegen, und füh - le neu ge - rü - stet mich; denn Ret - tung naht dem

a 2
Fl.
Ob.
Clar. B.
Fag.
F.
Cor.
C.
Lora.
Va - ter - lan-de, und Lie - be winkt in dei - nem Arm!
Ar.
Ich seh' dem Schick - sal
Mor.
Va - ter - lan-de, und Lie - be winkt in dei - nem Arm! Ich seh' dem Schicksal froh ent-
Vl. I.
Vl. II.
Vla.
Vcl.
Basso.
espress.
Ob.
Fag.
Lora.
Ich seh' dem Schicksal froh ent - ge - gen, und füh - le neu ge - rü - stet mich; denn Rettung
Ar.
bang ent - ge - gen, und füh - le fast ent - mu - tigt mich; so vie - le
Mor.
ge - gen, und füh - le neu ge - rü - stet mich; denn Ret - tung naht dem Va - ter - lan - de,
Vl. I.
Vl. II.
Vla.
Vcl.
Basso.

Ob., Clar. B., Fag., F. Cor. C., Lora., Ar., Mor., Vl. I., Vl. II., Vla., Vcl., Basso.

Lora.: naht dem Va-ter-lan-de, und Lie-be winkt in dei-nem

Ar.: Not im Hei-mat-lan-de, und neu-e Qual noch har-ret

Mor.: denn Ret-tung naht dem Va-ter-lan-de, und Lie-be winkt in dei-nem

Ob., Clar. B., Fag., F. Cor. C., Tr. F., Timp., Lora., Ar., Mor., Vl. I., Vl. II., Vla., Vcl., Basso.

Lora.: Arm, ja winkt in dei-nem Arm! Denn Ret-tung naht dem Va-ter-lan-de,

Ar.: mein. So vie-le Not im Hei-mat-lan-de, und neu-e

Mor.: Arm, ja winkt in dei-nem Arm, denn Rettung naht dem Va-ter-lan-de, und Lie-be

1.
Ob.
Clar. B.
Fag.
F.
Cor.
C.
Tr. F.
Timp.
Lora.
und Lie - be winkt in dei - nem Arm! Da - hin, da - hin flieht al - les Leiden, und al - le
Ar.
Qual noch har - - ret mein! So vie - le Not im Hei - mat - lande,
Mor.
winkt in dei - nem Arm! Da - hin, da - hin flieht al - les Leiden,
Vl. I.
Vl. II.
Vla.
Vcl.
Basso.
Fl.
Ob.
Clar. B.
Fag.
F.
Cor.
C.
Tr. F.
Timp.
Lora.
Freu - den zie - hen ein; da - hin, da - hin flieht al - les Leiden, und al - le Freu - den zie - hen
Ar.
und neu - e Qual noch har - ret mein, und neu - - e Qual noch har - ret mein!
Mor.
und al - le Freu - den zie - hen ein, und al - le Freu - den zie - hen ein, ja zie - hen
Vl. I.
Vl. II.
Vla.
Vcl. e Basso.

Fl.
Ob.
Clar. B.
Fag.
F. Cor. C.
Lora.
ein! Laß denn zum letzten Kampfe, zum letzten Kampf uns schreiten, laß denn zum letzten Kampfe, zum letz_ten Kampf uns
Ar.
Wie tra - ge ich wohl al - le Leiden, wie soll ich stark zum Kampfe sein!
Mor.
ein! Laß denn zum letzten Kampfe, zum letzten Kampf uns schreiten, laß denn zum letzten Kampfe, zum letz_ten Kampf uns
Vl. I.
Vl. II.
Vla.
Vcl. e Basso.
Fl.
Ob.
Clar. B.
Fag.
F. Cor. C.
Lora.
schreiten! Laß denn zum letzten Kampfe, zum letzten Kampfe schreiten, der uns dem Glück ent - ge - gen
Ar.
Schon drückt die Ge - gen - wart mich nie_der, die zu noch größ' - rem Schrek - ken
Mor.
schreiten! Laß denn zum letzten Kampfe, zum letzten Kampfe schreiten, der uns dem Glück ent - ge - gen
Vl. I.
Vl. II.
Vla.
Vcl. e Basso.

Fl.
Ob.
Clar. B.
Fag.
F. Cor. C.
Tr. F.
Timp.
Lora.
führt, dem Glück entgegen führt, der uns dem Glück ent - ge - gen führt, ja, dem Glück, ja, dem
Ar.
führt, zu größ' - rem Schrek - ken führt, zu größ' - rem Schrek - ken führt, die zu noch größ' - rem
Mor.
führt, der uns dem Glück ent - ge - gen führt, dem Glück entgegen führt. Laß uns zum
Vl. I.
Vl. II.
Vla.
Vcl. e Basso.
a 2
Lora.
Glück ent - ge - gen führt. Laß uns zum letz - ten Kamp - fe schreiten, der
Ar.
Schrek - ken, zu größ'rem Schrecken führt! Schon drückt die Ge - gen - wart mich nie - der, die zu noch
Mor.
letz - ten Kamp - fe schrei - ten, laß uns zum letz - ten Kamp - fe schreiten, der

Fl.
Ob.
Clar. B.
Fag.
F. Cor. C.
Tr. F.
Timp.
Lora.
uns dem Glück ent - ge - - - - gen, ent - ge - - - - gen führt, ja,
Ar.
größ' - rem größ' - rem Schrecken, die zu noch größ' - rem Schrek - - - - ken fuhrt, ja,
Mor.
uns dem Glück ent - ge - - - - gen führt, der uns dem Glück ent - ge - gen führt, ja,
Vl. I.
Vl. II.
Vla.
Vcl.
Basso.
cresc.
poco riten.
Lora.
dem Glück ent - ge - - - - - - - gen führt,
Ar.
die zu noch größ' - rem, noch größ' - rem, noch größ' - rem Schrek - ken führt, schon drückt die Gegenwart mich nieder!
Mor.
der uns dem Glück, ja dem Glück, ja dem Glück ent - ge - gen führt,
Vcl. e Basso.

a tempo
poco riten.
Fl.
Ob.
Clar. B.
Fag.
F. Cor. C.
Tr. F.
Timp.
Lora.
dem Glück ent ge - - - - - - - gen führt,
Ar.
die zu noch größ'-rem noch größ'-rem noch größ'-rem Schrek-ken führt, schon drückt die Gegenwart mich nieder,
Mor.
der uns dem Glück, ja dem Glück, ja dem Glück ent - ge - gen führt,
Vl. I.
Vl. II.
Vla.
Vcl. e Basso.
a tempo
a 2
Fl.
Ob.
Clar. B.
Fag.
F. Cor. C.
Tr. F.
Timp.
Lora.
der uns dem Glück ent ge - - - - - gen führt, der uns dem- Glück ent- ge- gen
Ar.
die zu noch größ'rem Schrek - ken führt, zu größ'-rem Schrecken führt, die zu noch größ' -
Mor.
der uns dem Glück ent ge - - gen führt, ent-ge-gen führt, der uns dem Glück ent-ge-gen
Vl. I.
Vl. II.
Vla.
Vcl. e Basso.

Fl. Ob. Clar. B. Fag. F. Cor. C. Tr. F. Timp.

a 2 — 1. — *p dim.*

Lora. führt, ent - ge - - - - gen führt! (Alle ab.)

Ar. rem Schrecken führt, zu größ' - rem Schrek - ken führt!

Mor. führt, ent - ge - gen führt, ent - ge - gen führt!

Vl. I. Vl. II. Vla. Vcl. Basso.

Fl. Ob. Clar. B. Fag. F. Cor. C. Tr. F. Timp.

Vl. I. Vl. II. Vla. Vcl. Basso.

Recitativ.

Gernot und Gunther kommen.

Gun.
Gern.
Vl. I.
Vl. II.
Vla.
Vcl. e Basso.
voll, kaum noch ein Fuß breit Land's ge_hö_ret uns!
O bö_se Zei_chen,_ bö_se Zei_ten!
Mir ist's, als hätt' ich ei_nen tücht'gen
Rausch ge_habt, so geht der Jam_mer mir durch al_le Glieder! wenn ich nur mei_ne Drol_la fänd'! sag' mir, ist sie noch
colla parte
Vcl.
Basso.
Du fragst mich ziemlich dumm; seit du von uns, ward sie acht Jah_re äl_ter; da_mals, war sie ein Kind!
jung?
Ich mei_ne
ge_wiß, ich kam oft in Ver_su_chung_ Nun, sie zu trösten!
hübsch? Wie?
das hätt'st du las_sen können! blieb sie mir
Ich glau_be, frag sie selbst! dort kommt sie her, ich laß euch gern al_lein!
treu?
(Ab.)

Duett.

Drolla kommt.

a 2
Fl.
a 2
Ob.
Clar. A.
Fag.
Cor. G.
Drol.
nach so lan-gen Zei - ten dich end - - lich wie - der seh'n, dich an mein Herz zu drücken, ist zum Ent-zük-ken
Gern.
nach so lan-gen Zei - ten dich end - - lich wie - der seh'n, dich an mein Herz zu drücken, ist zum Ent-zük-ken
Vl. I.
Vl. II.
Vla.
Vcl. e Basso.
Fl.
Ob.
Clar. A.
Fag.
Cor. G.
Drol.
ganz, ja ist zum Entzük-ken ganz! o sage mir, er-zäh-le, wie ist dir's doch er-gangen? O
Gern.
ganz, ja ist zum Entzük-ken ganz! o sage mir, er-zäh-le, wie ist dir's doch er-gangen?
Vl. I.
espress.
Vl. II.
espress.
Vla.
Vcl. e Basso.

Fl.
Ob.
Clar. A.
Fag.
Cor. G.
a 2
Drol.
sag' mir, er_zäh_le, wie ist dir's doch er_gangen? sag' mir, er_zäh_le, wie
Gern.
O sag' mir, er_zäh_le, wie ist dir's doch er_gangen? sag' mir, er_zäh_le,
Vl. I.
Vl. II.
Vla.
Vcl. e Basso.
Fl.
Ob.
Clar. A.
Fag.
Cor. G.
Drol.
ist dir's doch er_gangen? O sag' mir, o er_zäh_le, o er_zäh_le.
Gern.
wie ist dir's doch er_gangen? O sag' mir, o er_zäh_le!
Vl. I.
Vl. II.
Vla.
Vcl. e Basso.

Fag.
Gern.
Mir! ja mir, mir ist's recht gut ergangen! Ich war mit meinem Herrn so lang bei ei-ner schö-nen
Vl. I.
Vl. II.
Vla.
Vcl. e Basso.
p dolce
Fl.
Ob.
Clar. A.
Fag.
Cor. G.
Gern.
Kö-nigin, in ihrem Schlosse war die Wahl der hübschen Mädchen wahrlich schwer; sie waren al-le wie zum Küssen, die eine
Vl. I.
Vl. II.
Vla.
Vcl. e Basso.
Ob.
Clar. A.
Fag.
Cor. G.
Drol.
Gewiß, gewiß, ganz allerliebst!
Gern.
blond, die andre braun, mit blauen und mit schwarzen Augen. Und da ich auch ein hüb-scher Bursch, ver-
Vl. I.
Vl. II.
Vla.
Vcl. e Basso.
cresc.
p dolce

Gern.
lieb_ten Al_le sich in mich, und ich, und ich, ei nun, ei nun und ich!
Vl. I.
Vl. II.
Vla.
Vcl.
Basso.
pp
pizz.
dim.
Fl.
Ob.
Clar. B.
Fag.
Cor. G.
1.2.
Drol.
(Beiseite.)
Jetzt stockt er wahr lich mit der Sprache, o warte nur du bö_ser Schelm, mir die_ses in's Ge_
Gern.
(Beiseite.)
Jetzt will ich doch von ihr er_fahren, ob sie wohl wirk_lich mich noch liebt; die Ei_fer_sucht,_
Vl. I.
Vl. II.
Vla.
Vcl. e Basso.
ff
cresc.
Fl.
Ob.
Clar. B.
Fag.
Cor. G.
Drol.
sicht, mir dieses in's Gesicht zu sagen, das ist doch wahrlich un_er_hört, ja! Das ist doch wahrlich un_er_hört!
Gern.
_ die Ei_fersucht soll mir es sagen, glaubt sie was sie von mir ge_hört, ja! Glaubt sie, was sie von mir ge_hört!
Vl I
Vl II
Vla.
Vcl. e Basso.

Fl.
Ob.
Clar. B.
Fag.
Cor. G. 1.2.
Drol. So laß auch dir von mir er-zählen, wie mir's so lange Zeit er-ging. Bei Hofe war ich hier so lang, als Loras beste
Vl. I.
Vl. II.
Vla.
Vcl.
Basso.

p dolce — pizz. — arco — *dolce*

Fl.
Ob. 1.
Clar. B. 1.
Fag. 1.
Cor. G. 1.2.
Drol. Die-nerin, um sie zu werben zogen her, der schönsten Ritter reiche Zahl; sie waren alle wie zum küssen, der ei-ne
Vl. I.
Vl. II.
Vla.
Vcl. e Basso.

p dolce — *dolce*

Ob.
Clar. B.
Fag.
Cor. G. 1.2.
Drol. blond der andre braun, mit blau-en und mit schwarzen Au-gen; und da ich auch nicht häß-lich bin, ver-
Gern. Ich wer-de sel-ber schwarz und blau.
Vl. I.
Vl. II.
Vla.
Vcl. e Basso.

cresc. — *f* — *p dolce*

Drol.
lieb_ten Al_le sich in mich, und ich,– und ich,– ei nun, ei nun und ich.
Vl.I.
Vl.II.
Vla.
Vcl.
Basso.
pizz.
dimin.
Fl.
Ob.
Clar. B.
Fag
Cor. G.
a 2
Beiseite.
Vor Är_ger kann er kaum sich fas_sen, so ist es recht dem Flat_ter_geist! vor Ei_ _fer_sucht,
Gern.
Beiseite.
Jetzt stockt sie wahrlich mit der Spra_che;– o war_te nur du bö_ses Ding! mir die_ _ses in's Ge_
cresc.
— vor Ei_fer_sucht soll er ver_ za_gen; vor Ei_ _fer_sucht soll er, vor Ei_fer_sucht soll er ver_ za_gen!
sicht, mir die_ses in's Ge_sicht zu sa_gen; mir die _ ses in's Ge_sicht, so in's Ge_sicht zu sa_gen!

Fl.
Ob.
Clar. B.
Fag.
Cor. G.
Drol.
Gern.
Vl.I.
Vl.II.
Vla.
Vcl.
Basso.
p dolce
ja, vor Ei - fer-sucht soll er ver - za - - - gen, glaubt er, was er von mir ge-
mir die-ses in's Ge - sicht zu sa-gen! mir dieses in's Ge - sicht zu sa-gen, das ist doch wahrlich un-er-
hört, ja, glaubt er, was er von mir ge - hört. Hin-weg von mir du Falscher!
hört, ja, das ist doch wahrlich un-er-hört. Hin-weg von mir du Falsche!

Fl.
Ob.
Clar. B.
Fag.
Cor. G.
Drol. — Hin-weg von mir du Falscher! Ich mag dich nicht mehr seh'n, ich mag dich nicht mehr seh'n, so
Gern. — Hin-weg von mir du Falsche! Ich mag dich nicht mehr seh'n, ich mag dich nicht mehr
Vl. I.
Vl. II.
Vla.
Vcl.
Basso.

Fl.
Ob.
Clar. B.
Fag.
Cor. G.
Drol. — hiel-test du die Treu', die du mir oft geschwo-ren? so hiel-test du die Treu', so hiel-test du die Treu'? die
Gern. — seh'n, so hiel-test du die Treu', die du mir oft ge-schwo-ren? so hiel-test du die Treu'? die
Vl. I.
Vl. II.
Vla
Vcl.
Basso.

Fl.
Ob.
Clar. B.
Fag.
Cor. G.
Drol.
Gern.
Vl. I.
Vl. II.
Vla.
Vcl.
Basso.
a 2
1.2.
p staccato
pizz.
du mir oft geschworen, oft ge_schworen! In fremde Mäd - chen sich ver_lie_ben, derweil ich in der Fer - ne
du mir oft geschworen, oft ge_schworen! In fremde Rit_ter sich ver_lie_ben, derweil ich in der Ferne
bin, das heiß ich wahr_lich doch be_trü_gen, und sei_ne Lieb - ste hin - ter - geh'n!
bin, das heiß ich wahrlich doch be_trü_gen, und seinen Liebsten hin_ter_geh'n! In frem_de

Fl.
Ob.
Clar. B.
Fag.
Cor. G.
Drol.
Gern.
Vl. I.
Vl. II.
Vla.
Vcl.
Basso.
p dolce
In frem_de Mädchen sich ver_lie_ben, derweil ich in der Fer_ne bin, das heiß ich wahr_lich doch be_
Rit_ter sich ver_lie_ben, derweil ich in der Fer_ne bin, das heiß ich wahrlich doch be_
trü_gen, und sei_ne Lieb_ste hin_ter_geh'n! das heiß ich wahr_lich doch be_trü_gen, und sei_ne
trü_gen, und seinen Liebsten hin_ter_geh'n! das heiß ich wahr_lich doch be_
arco

Fl.
Ob.
Clar. B.
Fag.
Cor. G.
Drol.
Liebste, sei_ne Liebste hin_ter_geh'n! und sei_ne Lieb _ ste hin _ _ ter_geh'n! Hin_weg von mir, du
Gern.
trü_gen, und seinen Liebsten hin_ter_geh'n, und seinen Liebsten hin_ter_geh'n! Hin_weg von mir, du
Vl. I.
Vl. II.
Vla.
Vcl.
Basso.
Drol.
Falscher, hin_weg von mir, du Falscher, ich mag dich nicht mehr seh'n, ich mag dich nicht mehr seh'n, ich mag dich nicht mehr
Gern.
Falsche, hin_weg von mir, du Falsche, ich mag dich nicht mehr seh'n, ich mag dich nicht mehr seh'n, ich mag dich nicht mehr

Fl.
Ob.
Clar. B.
Fag.
Cor. I.
Drol.
Gern.
Vl. I.
Vl. II.
Vla.
Vcl.
Basso.
a 2
ff
(Sie laufen zu verschiedenen Seiten davon, bleiben aber an den äußersten Enden stehen, und sehen sich aus der Ferne schüchtern an.)
seh'n!
seh'n!
colla parte
a tempo
colla parte
ad lib.
Drolla,- Bist du denn noch nicht fort?
Ger_not? Du bist noch da?
Mich dünkt du weinst?
Was kümmerts dich, Treu_lo_ser!
Ich treulos, ach für_wahr,- das bin ich nicht.
a tempo
Hast du's nicht selbst er_zählt?
Ge_lo_gen, ach ge_
pizz.
Vcl. e Basso.

Clar. B.
Fag.
Cor. G.
Gern.
lo - gen, in mich hat kei - ne sich ver - liebt: - und ich hab' nur nach dir, nach dir mich hin - ge -
Vl. I.
Vl. II.
Vla.
Vcl. e Basso.
cresc.
Fag.
Cor. G.
Drol.
Und ich - und ich, - hab' wahrlich auch ge - lo - gen, in
Gern.
sehnt, ent - dek - ken wollt' ich wie es mit dir stünd?
Vl. I.
Vl. II.
Vla.
Vcl. e Basso
Fl.
Ob.
Clar. B.
Fag.
Cor. G.
Drol.
mich hat kei - ner sich ver - liebt, - wie ich, in keinen mich, ich bin dir treu ge - blie - ben, um dich zu
Vl. I.
Vl. II.
Vla.
Vcl. e Basso.
cresc.

Fl.
Ob.
Clar. B.
Fag
Cor. G.
Drol.
Gern.
Vl. I.
Vl. II.
Vla.
Vcl. e Basso.
più f
arco
(Umarmung.)
strafen, log ich dir was vor!
Was hör' ich? laß uns so gleich um_ar_men!
Ver_zeih_ _
Allegro assai.
Vcl.
ung! So sind wir denn ver_eint,_ um nie uns mehr zu trennen; kein Argwohn, kein Ver_dacht soll je uns schei_den

Fl.
Ob.
Clar. B.
Fag.
Cor. G.
Drol.
kön_nen!
Kein Argwohn, kein Ver_dacht soll je uns schei_den
Gern.
kön_nen!
Kein Argwohn, kein Ver_dacht soll je uns schei_den
Vl. I.
Vl. II.
Vla.
Vcl. e Basso.
Fl.
Ob.
Clar. B.
Fag.
Cor. G.
Drol.
kön_nen! du liebst mich, du liebst mich, wel - - - che Freu_de! Du liebst mich,
Gern.
kön_nen! du liebst mich, du liebst mich, wel - - - che Freu_de! Du liebst mich, du
Vl. I.
Vl. II.
Vla.
Vcl. e Basso.

Fl.
Ob.
Clar. B.
Fag.
Cor. G.
Drol.
Gern.
Vl. I.
Vl. II.
Vla.
Vcl. e Basso.
cresc.
a 2
1.
1. 2.
p
du liebst mich, ach welche Se-ligkeit! Du liebst mich, du liebst mich! er-dichtet und er-lo-gen, war
liebst mich; - ach wel-che Se-lig-keit, du liebst mich, du liebst mich, du liebst mich! erdich-tet und er-lo-gen
Fl.
Ob.
Clar. B.
Fal.
Cor. G.
Drol.
Gern.
Vl. I.
Vl. II.
Vla.
Vcl. e Basso.
colla parte
f
ad lib.
(Umarmung und Kuß)
was uns jetzt ent-zweit,
ja! Er-dichtet, er-lo-gen,
ja er-lo-gen, war was uns jetzt entzweit, war was uns jetzt ent-zweit! Er-dich-tet, er-lo-gen,
cresc.

a tempo
Fl.
Ob.
Clar. B.
Fag.
Cor. G.
Drol.
war, — was uns jetzt ent - zweit. Wir tren-nen nie uns mehr, — um e - wig froh zu sein, um e - wig, e - - -
Gern.
war, — was uns jetzt ent - zweit. Wir tren-nen nie uns mehr, — um e - wig froh zu sein, um e - wig, e - wig, e - wig,
Vl. I.
Vl. II.
Vla.
Vcl. e Basso.
cresc.
(Beide ab.)
- - - - wig, e - wig, e - wig, e - wig, e - wig, e - wig froh zu sein!
e - wig, e - wig, e - wig, e - wig, e - wig froh zu sein!

Fl.
Ob.
Clar. B.
Fag.
Cor. G.
Vl. I.
Vl. II.
Vcl.
Vcl. e Basso.
Recitativ.
Ada, Farzana und Zemina treten auf.
Allegro con impeto.
Cor. D.
Ada.
O! Grausame!
Vla.
Basso.
Recit.
So habt ihr kein Er_bar_men, und treibt mich kalt zu die_sen grau_sen Ta_ten!
Lento.
Farzana.
Ver_zeih, wir sind nicht schuld an dem Ge_

Tempo I.
Farz.
schick, das dir dein eig'ner Will' be-rei-tet hat.
Vl. I.
Vl. II.
Vla.
Vcl.
Basso.
Fl.
Ob.
Fag.
Cor. D.
Ada.
a 2
3.4.
Recit.
Doch, da ihr wißt, welch' Los mich Ärmste trifft, wenn ich besiegt, so freut ihr euch der
Qual?
Zemina.
O, glaub' es nicht, sieh', sie entlockt mir Trä-nen.
Doch hö-re, - du kannst dich Al-lem noch ent-

Grave.
Recit.
a 2
Ob.
Clar. B.
Zem.
Farz.
Vl. I.
Vl. II.
Vla.
Vcl.
Basso.
ziehn, sobald du jetzt dem Sterb_lichen ent_sagst!
Noch ist es Zeit, und of_fen steht die Wahl: hier lan_ger
Grave.
Fag.
3. 4.
Cor. D.
Tr. D.
Timp. in D. A.
(Sie verschwinden.)
Be_denk', und dei_ne Wahl sei dein Ge_schick!
Tod, und dort, ein e_wig Le_ben!
attacca

Scene und Arie.

Ada allein.

Recit.
a tempo
Fl.
Ob.
Clar. B.
Fag.
Cor. D.
Tr. D.
Timp.
Ada.
Vl. I.
Vl. II.
Vla.
Vcl.
Basso.
a 2
p cresc.
O, warum weckt ihr noch in meiner Seele den Zweifel je_ner her_ _ _ ben Wahl!
a tempo
Recit.
colla parte
Unglückliche, wohin, wo_hin soll ich mich wenden? Wie so gewiß ist nur mein Un_tergang, und ach, wie un_gewiß, mein

Allegro di molto e agitato.
Ob.
Fag.
Cor. D.
Tr. D.
Timp.
Ada.
Vl. I.
Vl. II.
Vla.
Vcl.
Basso.
Sieg! Ich häu - fe selbst die Schrek - ken an, die Qualen
Fl.
Ob.
Clar. B.
Fag.
Cor. D.
Tr. D.
Timp.
Ada.
Vl. I.
Vl. II.
Vla.
Vcl.
Basso.
leit ich auf ihn hin; ich wek - ke Zwei - fel in ihm

Fl.
Ob.
Clar. B.
Fag.
Cor. D.
Tr. D.
Timp.
Ada.
Vl. I.
Vl. II.
Vla.
Vcl.
Basso.
auf, die nie ein Sterbli_cher er _ trägt;
ich häu_fe selbst die Schre_cken an,-
ich wek_ke Zwei_fel in ihm auf;
von Ue _ ber _ all, stürmt Unglück ein,-

a 2
Fl.
Ob.
Clar. B.
Fag.
3. 4.
Cor. D.
Tr. D.
Timp.
Ada.
Sein letz_ter Stern, die Lie_be sinkt.–
Nacht wird's um sei_ne Sin_ne her,–
Vl. I.
Vl. II.
Vla.
Vcl.
Basso.
colla parte
Allegro come sopra.
ad libitum
und rächt sich, und ver_flucht sein Weib!
p cresc.
ff
fp

Recit.
Fl.
Ob.
Clar. B.
Fag.
Cor. D.
Tr. D.
Timp.
Ada.
Vl. I.
Vl. II.
Vla.
Vcl.
Basso.
Weh mir! und dieser Fluch trennt mich von ihm, und E - wig- kei-ten tre-ten zwischen uns! Ver-
zweiflung, Wahnsinn, Tod ist dann sein Los, und meines fürch - terlich! auf hundert

Larghetto.
colla parte
Fl.
Ob.
Clar. B.
in A.
Fag.
Cor. D.
Tr. D.
Ada.
ad libitum
Jahr Ver-wandelung in Stein!
Ich könnte allem mich ent-ziehn, steht mir's nicht
Vl. I.
Vl. II.
Vla.
Vcl.
Basso.
più p
dim.
div.
Clar. A.
Cor. E.
p dolce
ten.
frei?- in ew'ger Schöne un-sterblich, un-verwelklich blühn?- Es hul-digt mir die Fe-enwelt,
pizz.

Fl.
Ob.
Clar. A.
Fag.
Cor. E.
Ada.
ich bin ihr Glanz und ih-re Zier, es ehrt ein un-ver-gäng-lich Reich, mich sei-ne ho-he Kö-ni-gin, es
Vl.I.
Vl.II.
Vla.
Vcl.
Basso.
pp
p dolce
arco
p
hul - digt mir die Fe - - - - - en-welt, ich bin ihr Glanz und ih-re Zier!—
sempre p

Fl.
Ob.
Clar. A.
Fag.
Cor. D.
Ada.
Vl. I.
Vl. II.
Vla.
Vcl.
Basso.
ad libitum
Ich könnte allem mich entziehn, –
in Fe_enpracht unsterblich blühn? –
in Fe_enpracht
unsterblich blühn?
Allegro molto.
Recit.
Tr. D.
Timp.
Vcl. e Basso.
Betrog'ne,

Fl.
Ob.
Clar. A.
Fag.
Cor. D.
Tr. D.
Timp.
Ada.
Un-glück-sel'ge! Was, o was ist dir Un-sterblichkeit! Ein gren-zen-lo-ser ew'-ger
Vl. I.
Vl. II.
Vla.
Vcl. e Basso.
a tempo
ad libitum
colla parte
p dolce
Tod!
Doch jeder Tag bei ihm ein neu-es e-wiges

a tempo

Fl.
Ob.
Clar. A.
Fag.
Cor. D. 3.4.
Tr. D.
Timp.
Ada.
Vl. I.
Vl. II.
Vla.
Vcl. e Basso.

p cresc. — f — ad libitum

Ada.: Le_ben! So sei_es denn! Ge-

colla parte

Fl.
Ob.
Clar. A.
Fag.
Cor. D. 3.4.
Tr. D.
Timp.
Ada.
Vl. I.
Vl. II.
Vla.
Vcl. e Basso.

ad libitum — f — p cresc. — ad libitum

Ada.: schlossen ist die Wahl, für je_nes Le - ben opfr'ich al - les hin! Mein A - rin-

Allegro molto e con fuoco.
Fl.
Ob.
Clar. A.
Fag.
Cor. D.
Tr. D.
Timp.
Ada.
Vl. I.
Vl. II.
Vla.
Vcl.
Basso.
dal! Mein A - rin_dal!
p cresc.
più f
ff
Be - gei - stern wird auch ihn die Lie _ be, und

Fl.
Ob.
Clar. A.
Fag.
Cor. D.
Tr. D.
Timp.
Ada.
Mut zum Kampfe ihm ver-leihn; den Zwei-fel wird er kühn be-sie-gen, aus meinen Ban-den
Vl. I.
Vl. II.
Vla.
Vcl.
Basso.
trem.
mich be-frein, aus mei-nen Ban-den mich be-frein! Den Zwei-fel

Fl.
Ob.
Clar. A.
Fag.
3.4.
Cor. D.
a 2
Tr. D.
Timp.
Ada.
wird er kühn be - sie - gen, aus meinen Ban - den mich be - frein! Die fal - sche Tücke
Vl. I.
Vl. II.
Vla.
Vcl. e Basso.
sei ver - nichtet, die mich von ihm zu tren - nen strebt!
(mit aller Kraft)
All eu'r Be -
trem.
fp

Fl.
Ob.
Clar. A.
Fag.
Cor. D. 3.4.
Tr. D.
Timp.
Ada.
mü-hen sei ver-gebens, das mei-ne Lie-be töd-ten will; das mei-ne Lie-be töd-ten will,
Vl. I.
Vl. II.
Vla.
Vcl. e Basso.

ritard.

Fl.
Ob.
Clar. A.
Fag.
Cor. D. 3.4.
Tr. D.
Timp.
Ada.
mei-ne Lie-be töd-ten will!
Vl. I.
Vl. II.
Vla.
Vcl.
Basso.

Poco Andante.
colla parte
Ob.
Clar. A.
Fag.
Ada.
ad libitum
Denn soll_te er auch un_ter_lie_gen, und mich der Fel_sen in sich
Vl.I.
Vl.II.
Vla.
div.
trem.
Vcl.
Basso.
espress.
Fl.
(mit großer Wehmut)
(mit erstickter Stimme)
schließen, so soll die Lie_be selbst den Stein der Sehnsucht Trä_nen_ weinen lassen!_
Tempo I.
p dolce
cresc.
p dolce cresc.
Und die_se Tränen fühlt mein Gat_te,

a 2

Fl.

Ob.

Clar. A.

Fag.

Cor. D.

Ada.

Und die-ser Seuf-zer dringt zu ihm; der

Vl. I.

Vl. II.

Vla.

Vcl.

Basso.

Fl.

Ob.

Clar. A.

Fag.

Cor. D.

Tr. D.

Timp.

Ada.

Kla-geruf wird ihn durch-be-ben! Ja die-se Trä-nen fühlt mein Gat-te,

Vl. I.

Vl. II.

Vla.

Vcl.

Basso.

Fl.
Ob.
Clar. A.
Fag.
3.4.
Cor. D.
Tr. D.
Timp.
Ada.
und die - ser Seuf - zer dringt zu ihm, läßt ihn nicht ra - sten, treibt ihn
Vl. I.
Vl. II.
Vla.
Vcl.
Basso.
her! Be - gei - stern wird auch ihn die Lie - be, und Mut zum Kampfe ihm ver - leihn! Den Zwei - fel
trem.

Fl.
Ob.
Clar. A.
Fag.
Cor. D.
Tr. D.
Timp.
Ada.
wird er kühn be - sie - gen, aus meinen Ban - den mich be - frein; - aus mei_nen
Vl. I.
Vl. II.
Vla.
Vcl.
Basso.
Ban - den mich be - frein, - aus mei_nen Ban_den mich be - frein,
a 2
cresc.

a 2
Fl.
Ob.
a 2
Clar. A.
Fag.
3.4.
Cor. D.
Tr. D.
Timp.
Ada.
aus meinen Banden mich be_frein! Be_gei_ _stern wird auch
Vl. I.
Vl. II.
Vla.
Vcl.
Basso.
Fl.
Ob.
Clar. A.
Fag.
3.4.
Cor. D.
Tr. D.
Timp.
Ada.
ihn_ die_ Lie_be, und Mut zum_Kamp_fe ihm ver_
Vl. I.
Vl. II.
Vla.
Vcl.
Basso.

Fl.
Ob.
Clar. A.
Fag.
Cor. D.
Tr. D.
Timp.
Ada.
leihn! Den Zweifel wird er kühn be - sie - gen,
Vl. I.
Vl. II.
Vla.
Vcl.
Basso.

Più mosso.

Fl.
Ob.
Clar. A.
Fag.
Cor. D.
Tr. D.
Timp.
Ada.
aus mei - nen Ban - den, aus meinen Ban - den, aus mei - nen Ban - - - - - - - -
Vl. I.
Vl. II.
Vla.
Vcl.
Basso.

Fl.
Ob.
Clar. A.
Fag.
3.4.
Cor. D.
Tr. D.
Timp.
Ada.
Vl. I.
Vl. II.
Vla.
Vcl.
Basso.
den mich be - frein! Aus mei - nen Ban - den, aus mei - nen
Ban - den, aus mei - nen Ban - den
cresc.

Fl.
Ob.
Clar. A.
Fag.
Cor. D.
Tr. D.
Timp.
Ada.
Vl. I.
Vl. II.
Vla.
Vcl.
Basso.
3. 4.
ad libitum
(ab)
mich be-frein,– aus mei-nen Ban-den mich be-frein!
a 2

Finale.

Die Bühne bleibt eine zeitlang leer.

Fl.
Ob.
Clar. B.
Fag.
F.
Cor.
D.
Tr. D.
Timp.
f cresc.
(Der Chor des Volkes und der Krieger tritt von verschiedenen Seiten auf.)
Vl. I.
Vl. II.
Vla.
Vcl. e Basso.
più cresc.
a 2
Chor des Volkes und der Krieger.
Sopr.
Alto.
Ten.
Basso.
Hört ihr des Sturmes Brausen, das vor den Mauern tobt? Es sind des Fein - des Scha - ren, zu neuer
fp

Fl.
Ob.
Clar. B.
Fag.
F.
Cor.
D.
Tr. D.
Timp.
(Lora, Drolla, Arindal, Gunther, Morald und Gernot kommen.)
Lora.
Hört ihr des Stur_mes
Drolla.
Hört ihr des Stur_mes
Arindal.
Hört ihr des Stur_mes
Gunther.
Hört ihr des Stur_mes
Morald.
Hört ihr des Stur _ mes
Gernot.
Hört ihr des Stur_mes
Wut er_wacht! Es sind des Fein_des Scha_ren zu neuer Wut er_wacht!
Wut er_wacht! Es sind des Fein_des Scha_ren zu neuer Wut er_wacht!
Vl. I.
Vl. II.
Vla.
Vcl.
Basso.

Fl.
Ob.
Clar. B.
Fag.
F.
Cor.
D.
Tr. D.
Timp.
a 2
mf
f
cresc.
Lora.
Brau - sen, das vor den Mau - ern tobt? Es sind des Fein - - des Scha - ren, zu
Drol.
Brau - sen, das vor den Mau - ern tobt? Es sind des Fein - - des Scha - ren, zu
Ar.
Brau - sen, das vor den Mau - ern tobt? Es sind des Fein - - des Scha - ren, zu
Gun.
Brau - sen, das vor den Mau - ern tobt? Es sind des Fein - - des Scha - ren, zu
Mor.
Brau - sen, das vor den Mau - ern tobt? Es sind des Fein - - des Scha - ren, zu
Gern.
Brau - sen, das vor den Mau - ern tobt? Es sind des Fein - - des Scha - ren, zu
Hört ihr des Stur - mes Brau - sen, das vor den Mau - ern tobt? Es sind des Fein - - des
Hört ihr des Stur - mes Brau - sen, das vor den Mau - ern tobt? Es sind des Fein - - des
Vl. I.
Vl. II.
Vla.
Vcl.
Basso.

Fl.
Ob.
Clar. B.
Fag.
F. Cor. D.
a 2
Tr. D.
Timp.
Lora.
neu - er Wut er - wacht, zu neu - er Wut er -
Drol.
neu - er Wut er - wacht; es sind des Fein - des Scharen, zu neu - er Wut er -
Ar.
neu - er Wut er - wacht; es sind des Fein - - des Scharen, zu neu - er Wut er -
Gun.
neu - er Wut er - wacht; es sind des Fein - - des Scharen, zu neu - er Wut er -
Mor.
neu - er Wut er - wacht; es sind des Fein - des Scharen, zu neu - er Wut er -
Gern.
neu - er Wut er - wacht; es sind des Fein - des Scharen, zu neu - er Wut er -
Scha - ren, zu neu - er Wut er - wacht, zu neu - er Wut er -
Scha - ren, zu neu - er Wut er - wacht, zu neu - er Wut er -
Vl. I.
Vl. II.
Vl.
Vcl.
Basso.
ff

Fl.
Ob.
Clar. B.
Fag.
Cor.
F.
D.
Tr. D.
Timp.
Lora.
wacht!
Auf denn, ihr Freun-de zieht hin-aus,
Drol.
wacht!
Ar.
wacht! Wie bang er-füllt ist mei-ne Brust-
O wie er-trag' ich al-le
Gun.
wacht!
Mor.
wacht!
Gern.
wacht!
wacht!
wacht!
wacht!
Vl. I.
Vl. II.
Vla.
Vcl.
Basso.

Ob.
Clar. B.
Fag.
F. Cor. D.
Tr. D.
Timp.
Lora.
Ar.
Mor.
Vl. I.
Vl. II.
Vla.
Vcl. e Basso.
cresc.
dim.
a 2
be - frei - et uns von die - ser Not, be - frei - et uns von dieser Not!
Not!
Wie
mut - erfüllt ist mei - ne Brust, ich trot - ze kühn der ärg - sten Not, ich trot - ze kühn der ärg - sten

colla parte
Fl.
Ob.
Clar. B.
Fag.
F.
Cor.
D.
Tr. D.
Timp.
dim.
Drol.
So zie - het froh hin - aus zu dem Be - freiungskampf!
Ar.
Zu kämpfen,
Gun.
So zie - het froh hin - aus zu dem Be - freiungskampf!
Mor.
Not!
Gern.
So zie - het froh hin - aus zu dem Be - freiungskampf!
Chor des Volkes.
Sopr.
So zieht hin - aus zu dem Be - freiungskampf!
Alto.
Ten.
So zieht hin - aus zu dem Be - freiungskampf!
Basso.
Chor der Krieger.
Ten.
So zie - hen wir hin - aus zum letz - ten To - des - kampf!
Basso.
Vl. I.
Vl. II.
Vla.
Vcl. e Basso.
f dim.
colla parte

a tempo
colla parte
a tempo
Fl.
Ob.
Clar. B.
Fag.
F.
Cor.
D.
Tr. D.
Timp.
Ar.
ach, vermag ich nicht!
Mor.
Ihr Krieger kommt! Ich füh_re euch!
(ab mit den Kriegern)
Vl. I.
Vl. II.
Vla.
Vcl. e Basso.
p sempre
dim.
Lora.
Wie Bru_der? Du ver_möchtest es, dem heil'_gen Kampf dich zu ent_
agitato
Vcl.
Basso.

Fl.
Ob.
1.
Clar. B.
Fag.
F.
Cor.
D.
p sempre
Tr. D.
Timp.
Ada.
Lora.
ziehn?
Drol.
Seht ihr des Kö-nigs trüben
Ar.
O Lo-ra krank ist mei-ne See-le, und siech liegt al-ler Lebensmut!
Gun.
Seht ihr des Kö-nigs trüben
Gern.
Seht ihr des Kö-nigs trüben
Seht ihr des Kö-nigs trü-ben
Seht ihr des Kö-nigs trü-ben
Vl. I.
Vl. II.
Vla.
Vcl.
Basso.

Fl.
Ob.
Clar. B.
Fag.
a 2
F. Cor. D.
a 2
Tr. D.
Timp.
Ada.
Lora.
Wie soll ich sei_ne Stim_mung deu_ten,
Drol.
Blick, wie er um_sonst nach Fassung ringt, wie er um - sonst nach Fassung ringt,
Ar.
Wie soll ich Härt' - res noch er - tra_gen, da
Gun.
Blick, wie er um_sonst nach Fassung ringt, wie er um - sonst nach Fassung ringt,
Gern.
Blick, wie er um_sonst nach Fassung ringt, wie er um - sonst nach Fassung ringt,
Blick, wie er um - sonst nach Fas - sung ringt, wie er um - sonst,
Blick, wie er um - sonst nach Fas - sung ringt, wie er um - sonst,
Vl. I.
cresc.
Vl. II.
cresc.
Vla.
cresc.
Vcl.
div.
cresc.
Basso.
cresc.

Fl.
Ob.
Clar. B.
Fag.
F.
Cor.
D.
a 2
Tr. D.
Timp.
Ada.
Lora.
die ihn so schwer dar-nie-der, dar-nie-der drückt!
Drol.
wie er umsonst, um-sonst nach Fas-sung, nach Fas-sung ringt!
Ar.
die-se Not das Schwerste, das Schwerste, das Schwerste mir! Wie soll ich Härt'res noch er-
Gun.
wie er umsonst, um-sonst nach Fas-sung, nach Fas-sung ringt!
Gern.
wie er umsonst, um-sonst nach Fas-sung, nach Fas-sung ringt!
um-sonst nach Fas-sung, nach Fas-sung ringt!
um-sonst nach Fas-sung, nach Fas-sung ringt!
Vl. I.
Vl. II.
Vla.
Vel.
Basso.

Fl.
Ob.
Clar. B.
Fag.
F.
Cor.
D.
Tr. D.
Timp.
Ada.
Lora.
Wie soll ich sei_ne Stimmung deuten,
die ihn so schwer dar_nie_der drückt,
Drol.
Seht ihr des Kö_nigs trü_ben Blick,
wie er um_sonst nach Fassung ringt,
Ar.
tra_ _ _ _gen!
Da diese Not das Schwerste mir,
da die_se
Gun.
Seht ihr des Kö_nigs trü_ben Blick,
wie er um_sonst nach Fassung ringt,
Gern.
Seht ihr des Kö_nigs trü_ben Blick,
wie er um_sonst nach Fassung ringt,
Wie er um_sonst
nach Fas_ _sung ringt,
Wie er um_sonst
nach Fas_ _sung ringt,
Vl. I.
Vl. II.
Vla.
Vcl. e Basso.

colla parte
a tempo
Fl.
Ob.
Clar. B.
Fag.
F.
Cor.
D.
a 2
Tr. D.
Timp.
(Als Arindal sich abwendet, tritt ihm Ada entgegen.)
ad libitum
Ada.
Weh dir, wenn dies das Schwerste dir er-scheint!
Lora.
so schwer dar-nie-der drückt! -
Drol.
um-sonst nach Fassung ringt! -
Ar.
Not, da die-se Not das Schwer - - ste mir! -
O Himmel, meine
Gun.
um-sonst nach Fas - sung ringt!
Gern.
um-sonst nach Fassung ringt!
nach Fas - sung ringt!
nach Fas - sung ringt!
Vl. I.
Vl. II.
Vla.
Vcl. e Basso.
colla parte
a tempo

Grave.
Fl.
Ob.
a 2
f
f dim.
Clar. B.
a 2
f
f dim.
Fag.
cresc.
f
F.
Cor.
D.
cresc.
Tr. D.
cresc.
Timp.
cresc.
Ada.
Jetzt, A-rin-dal, ge-den-ke dei-nes Schwurs!
Lora.
Wie, dies ist seine Gattin?
Drol.
Wie, dies ist seine Gattin?
Ar.
Gat-tin!
Gun.
Ja, seine Gattin!
Gern.
Ja, seine Gattin!
p
Seine Gattin!
p
p
Seine Gattin!
p
Vl. I.
cresc.
f
trem.
f dim.
Vl. II.
cresc.
trem.
f dim.
Vla.
cresc.
f
trem.
f dim.
Vel. e Basso.
cresc.
f
trem.
f dim.
Grave.

Andantino quasi Allegretto.
Fl.
Ob.
Clar. B.
Cor. D.
Ada gibt ein Zeichen; ihre beiden Kinder erscheinen und stürzen in Arindal's Arme.
Vl. I.
Vl. II.
Vla.
Vcl. e Basso.
p cresc.
Fag.
Lora.
O seht die hol_den Klei_nen, wie lieb_lich an_zu_schaun!
Drol.
Gun.
O
p dolce
div.

Fl.
p semplice
Ob.
Clar. B.
Fag.
F.
Cor.
D.
Tr. D.
Timp.
Ada.
Lora.
Drol.
seht die holden Kleinen, wie lieb_lich an_zu_schaun.
Ar.
Gun.
seht die holden Kleinen, wie lieb_lich an_zu_schaun.
Gern.
Dies sind die hübschen Dinger, die ihm von ihr geschenkt, ja, dies
Chor des Volkes.
Sopr.
O seht!
O seht!
Alto.
Ten.
O seht!
O seht!
Basso.
Vl. I.
Vl. II.
Vla.
Vcl.
Basso.

Fl.
Ob.
Clar. B.
Fag.
F.
Cor.
D.
3.
Tr. D.
Timp.
Ada.
Lora.
O seht die hol-den Kleinen,
Drol.
O seht die hol-den Kleinen,
Ar.
Gun.
O seht die hol-den Kleinen,
Gern.
sind die hübschen Dinger, die ihm von ihr ge-schenkt! dies sind die hüb - schen Dinger,
Seht, o seht, o seht die hol-den Klei - nen, seht, wie
Seht, o seht, seht die hol-den Klei - nen, seht, wie.
espress.
p dolce
div.
Vl. I.
Vl. II.
Vla.
Vcl.
Basso.

Fl.
Ob.
Clar. B.
Fag.
F. Cor. D.
Tr. D.
Timp
Ada.
Lora.
wie lieblich an_zu_schaun.
Drol.
wie lieblich an_zu_schaun.
Ar.
Ach! mei_ne Kin - der seh_ich_ wie_der, welch freu - dig un_verhofftes
Gun.
wie lieblich an_zu_schaun.
Gern.
die ihm von ihr_ ge_schenkt, ja, ja!
lieb_ - lich an - zu - schaun._
lieb_ - lich an - zu - schaun._
Vl. I.
Vl. II.
Vla.
Vcl.
Basso.
cresc.

Fl.
Ob.
1.
tr
p cresc.
Clar. B.
Fag.
F.
Cor.
D.
Tr. D.
Timp.
Ada.
Lora.
Drol.
Ar.
Glück, ich las - se sie mir nim - mer rau - ben, und kein Ge schick ent reißt, ent reißt sie
Gun.
Gern.
Vl. I.
Vl. II.
Vla.
Vcl.
Basso.

Fl. — 1. *p dolce* — *p*

Ob. — *p* — *p* — *p dolce* — *p*

Clar. B. — *p dolce* — *p* — *p*

Fag. — *p* — *p* — *p dolce* — *p*

Cor. F. / D.

Tr. D.

Timp.

Ada.

Lora. — *p* Seht, o seht, o seht die hol-den Klei-nen, *p* o

Drol. — *p* Seht, o seht, seht die hol-den Klei-nen, *p* o

Ar. — mir, und kein Ge-schick ent-reißt sie mir, und kein Ge-

Gun. — *p* Seht, o seht, seht die hol-den Klei-nen, o

Gern. — *p* Dies sind die hübschen Dinger, die ihm von ihr ge-schenkt. Dies

pp Seht die hol-den Klei-nen,

pp

pp Seht die hol-den Klei-nen,

pp

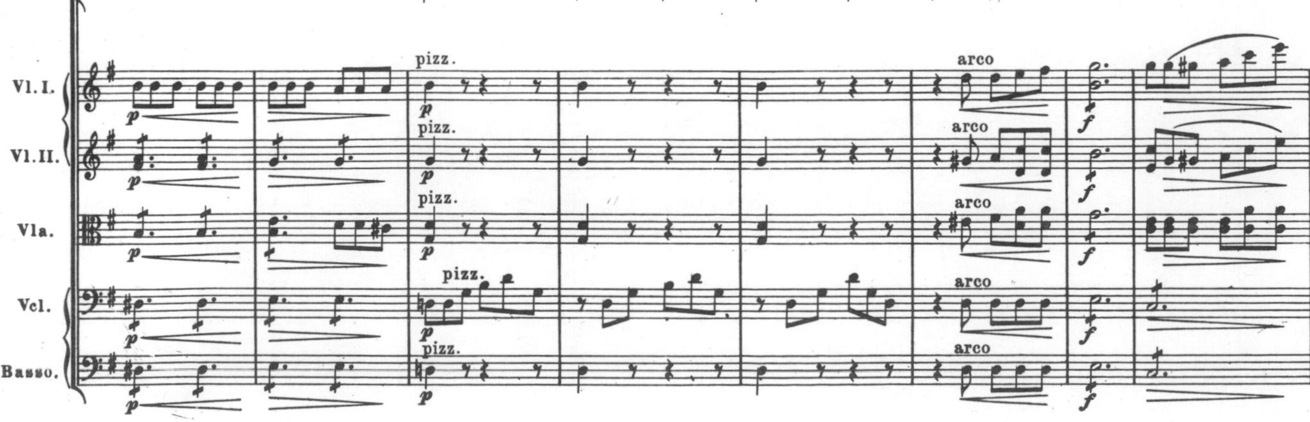

Fl.
Ob.
Clar. B.
Fag.
F.
Cor.
D.
a 2
Tr. D.
Timp.
Ada.
Lora.
seht die hol - den Klei - nen, wie lieb - lich an - zu - schaun, o seht, o seht!
Drol.
seht die hol - den Klei - nen, wie lieb - lich an - zu - schaun, o seht, o seht!
Ar.
schick entreißt sie mir, ent - reißt sie mir!
Gun.
seht die hol - den Klei - nen, wie lieb - lich an - zu - schaun, o seht, o seht!
Gern.
sind die hübschen Dinger, die ihm von ihr ge - schenkt, von ihr ge - schenkt!
wie lieb - lich an - zu - schaun, o seht, o seht!
wie lieb - lich an - zu - schaun, o seht, o seht!
dimin.
Vl. I.
Vl. II.
Vla.
Vcl.
Basso.

Allegro.
Fl.
Ob.
Clar. B.
Fag.
F.
Cor.
D.
Tr. D.
Timp.
(Auf ihren Wink öffnet sich ein feuriger Schlund.)
Ada.
O hät_test du sie nie ge_sehn! Zum Jammer wird ihr Anblick dir!
Lora.
Drol.
Ar.
Gun.
Was,
Gern.
Was, Teu_fel, seh ich
Vl. I.
Vl. II.
Vla.
Vcl.
Basso.
Allegro.

Fl.
Ob.
Clar. B.
Fag.
F. Cor. D.
Tr. D.
Timp.
Ada.
Lora.
Drol.
Ar.
Gun.
Gern.
Vl. I.
Vl. II.
Vla.
Vcl.
Basso.
Gieb mei - ne Kin - der mir zu -
Entsetzen was ge- schieht!
Entsetzen was ge- schieht!
Ha! was be-gin-nest du?
Teu-fel, seh ich da?
da?
Ent - set - zen, was ge- schieht!
Ent - set - zen, was ge- schieht!
mf
ff

Fl.
Ob.
Clar. B.
Fag.
F.
Cor.
D.
a 2
Tr. D.
Timp.
Ada.
rück!
Gieb mei - ne Kin - der mir zu - rück!
Lora.
Drol.
Ar.
Ha! nimmermehr! was soll geschehn?
Ha! nimmermehr!
Gun.
Gern.
Vl. I.
Vl. II.
Vla.
Vcl.
Basso.

Fl.
Ob.
Clar. B.
Fag.
F.
Cor.
D.
Tr. D.
Timp.
Ada.
(Entreißt ihm die Kinder.)
Laß mich! Noch sind sie nicht ganz dein! Der
Lora.
Drol.
Ar.
Was soll geschehn? Ent_setz_ _liche, sie sind nicht mein?
Gun.
Gern.
Vl. I.
Vl. II.
Vla.
Vcl.
Basso.

Fl.
a 2
Ob.
Clar. B.
Fag.
F.
Cor.
D.
Tr. D.
Timp.

Ada. Feu - - er - schlund soll sie em - pfan - gen!
Lora. Ha, was be - ginnet die Ver - weg'ne? Greift an, und hal - tet sie zu -
Drol. Ha, was be - ginnet die Ver - weg'ne? Greift an, und hal - tet sie zu -
Ar. O
Gun. Ha, was be - ginnet die Ver - weg'ne? Greift an, und hal - tet sie zu -
Gern. Ha, was be - ginnet die Ver - weg'ne? Greift an, und hal - tet sie zu -

Ha, was be - ginnet die Ver - weg'ne? Greift an, hal - tet sie zu -
Ha, was be - ginnet die Ver - weg'ne? Greift an, hal - tet sie zu -

Vl. I.
Vl. II.
Vla.
Vcl.
Basso.

Fl.
Ob
Clar. B.
Fag.
F.
Cor.
D.
Tr. D.
Timp.
f sempre
a 2
Ada.
Zu- rück, von mir, Ver- we- ge- ne! Zu- rück von mir, Ver-
Lora.
rück! Greift an! Greift an! Greift an, und
Drol.
rück! Greift an! Greift an! Greift an, und
Ar.
Weib ich laß' dich nicht ge- wäh- ren; o Weib ich laß' dich nicht ge-
Gun.
rück! Greift an! Greift an! Greift an, und
Gern.
rück! Greift an! Greift an! Greift an, und
rück! Greift an! Greift an, und hal- tet sie zu- rück, und hal- tet sie zu-
rück! Greift an! Greift an, und hal- tet sie zu- rück, und hal- tet sie zu-
Vl. I.
Vl. II.
Vla.
Vcl.
Basso.

Fl.
Ob.
Clar. B.
Fag.
F. Cor. D.
Tr. D.
Timp.
Ada.
we - ge - ne! zu - rück von mir Ver - weg'- ne! Zu - rück von mir Ver - weg'- ne!
Lora.
hal - tet sie zu - rück! Greift an! Greift an!
Drol.
hal - tet sie zu - rück! Greift an! Greift an!
Ar.
wäh - - - ren! Ich laß' dich nicht ge - wäh - ren! Ich
Gun.
hal - tet sie zu rück! Greift an! Greift an! Greift an!
Gern.
hal - tet sie zu rück! Greift an! Greift an! Greift an!
rück, und hal - tet sie zu - rück! Greift an! Greift an! Greift
rück, und hal - tet sie zu - rück! Greift an! Greift an! Greift
Vl. I.
Vl. II.
Vla.
Vcl.
Basso.

Fl.

Ob.

Clar. B.

Fag.

F. Cor. D.

Tr. D.

Timp.

Ada.
Zu - rück, Ver - weg'- ne! Zu-rück von mir! Zu-rück! Zu-

Lora.
Greift an, und hal - tet sie zu - rück! Greift an, und hal - - tet sie zu-rück!

Drol.
Greift an, und hal - tet sie zu - rück! Greift an, und hal - - tet sie zu-rück!

Ar.
laß' dich nicht ge-wäh - ren! O Weib ich laß dich nicht ge - wäh - ren!

Gun.
Greift an, und hal - tet sie zu - rück! Greift an, und hal - - tet sie zu-rück!

Gern.
Greift an, und hal - tet sie zu - rück! Greift an, und hal - - tet sie zu-rück!

an, und hal-tet sie zu-rück, und hal-tet sie zu - rück! Greift an, und hal - tet sie zu-

an, und hal-tet sie zu-rück, und hal-tet sie zu - rück! Greift an, und hal - tet sie zu-

Vl. I.

Vl. II.

Vla.

Vcl.

Basso.

a tempo
colla parte
Fl.
Ob.
Clar. B.
Fag.
F.
Cor.
D.
Tr. D.
Timp.
ad lib.
(Sie wirft die Kinder in den Schlund, der sogleich verschwindet.)
Ada.
rück! Zu - rück, und ihr hin_ab!
Lora.
Greift an, und hal_tet sie zu_rück!
Drol.
Greift an, und hal_tet sie zu_rück!
Ar.
Ich laß dich nicht gewähren Weib!
Gun.
Greift an, und hal_tet sie zu_rück!
(Alle stehen wie verzaubert.)
Gern.
Greift an, und hal_tet sie zu_rück!
rück! Greift an, und hal_tet sie zu_rück!
rück! Greift an, und hal_tet sie zu_rück!
Vl. I.
dimin.
Vl. II.
dimin.
Vla.
Vcl.
Basso.
colla parte
a tempo

Fl.
Ob.
Clar. B.
p cresc.
Fag.
p cresc.
F.
Cor.
D.
p cresc.
p cresc.
Tr. D.
Timp.
p
cresc.
Ada.
Lora.
O Gott, was ha-be ich ge-seh'n! War es nur Täuschung, war es Wahr-
Drol.
O Gott, was ha-be ich ge-seh'n! War es nur Täuschung, war es Wahr-
Ar.
Gun.
O Gott, was ha-be ich ge-seh'n! War es nur Täuschung, war es Wahr-
Gern.
O Gott, was ha-be ich ge-seh'n! War es nur Täuschung, war es Wahr-
O Gott, was ha-ben wir ge-seh'n, war es nur Täuschung, war es
O Gott, was ha-ben wir ge-seh'n, war es nur Täuschung, war es
Vl. I.
Vl. II.
Vla.
Vcl.
Basso.
p
cresc.

Fl.
Ob.
Clar. B.
Fag.
F.
Cor.
D.
Tr. D.
Timp.
Ada.
Lora.
Drol.
Ar.
Gun.
Gern.
Vl. I.
Vl. II.
Vla.
Vcl.
Basso.
a 2
p cresc.
O frage nicht! Sei standhaft, Arin_dal!
_heit!
O sag, was dich be_wog zum grausen Mord der teu_ren Kin_der?
Wahrheit!

Fl.
Ob.
Clar. B.
Fag.
F. Cor. D.
Tr. D.
Timp.
Ada.
Lora.
Entsetzlich Weib was ta_test du! Entsetzlich Weib was ta_test du? Soll ich dich ei_ne
Drol.
Entsetzlich Weib was ta_test du! Entsetzlich Weib was ta_test du? Soll ich dich ei_ne
Ar.
Gun.
Entsetzlich Weib was ta_test du! Entsetzlich Weib was ta_test du? Soll ich dich ei_ne
Gern.
Entsetzlich Weib was ta_test du! Entsetzlich Weib was ta_test du? Soll ich dich ei_ne
Ent_setz _ lich Weib was ta_test du! Ent_setz _ lich Weib was ta_test du? Soll ich dich ei_ne Mutter
Ent_setz _ lich Weib was ta_test du! Ent_setz _ lich Weib was ta_test du? Soll ich dich ei_ne Mutter
was ta _ test du!
Vl. I.
Vl. II.
Vla.
Vcl.
Basso.

Fl.
Ob.
Clar. B.
Fag.
F.
Cor.
D.
Tr. D.
Timp.
Ada.
Lora.
Drol.
Ar.
Gun.
Gern.
Vl. I.
Vl. II.
Vla.
Vcl.
Basso.
Mut-ter nennen!
Wie mächtig wühlt's in mei-ner Brust; –
Wie mächtig wühlt's in sei-ner Brust; –
Ent-setz-lich Weib!
Es paart sich Vor-wurf und Ver-
nen - nen!
O
Weib!
cresc.
fp
p
f

Fl.
Ob.
Clar. B.
Fag.
F. Cor. D.
Tr. D.
Timp.

Ada. O Himmel, schütz' ihn vor Ver - dacht! O Him - mel, schütz' ihn vor Ver - dacht, o

Lora. Entsetz - lich Weib, was ta - test du!

Drol. Entsetz - lich Weib, was ta - test du!

Ar. dacht! Es paart sich Vorwurf und Ver - dacht!

Gun. Entsetz - lich Weib, was ta - test du!

Gern. Entsetz - lich Weib, was ta - test du!

O Weib, was ta - test du!

O Weib, was ta - test du!

Vl. I.
Vl. II.
Vla.
Vcl.
Basso.

p espress.

Fl.
Ob.
Clar. B.
Fag.
F.
Cor.
D.
Tr. D.
Timp.
Ada.
schütz' ihn vor Ver dacht!
Wie mächtig wühlt's in sei ner Brust!
Lor.
Entsetz lich Weib! Ent setz lich Weib, was ta test
Drol.
Entsetz lich Weib! Ent setz lich Weib, was ta test
Ar.
Wie mächtig wühlt's in mei ner Brust! Es paart sich
Gun.
Entsetz lich Weib! Ent setz lich Weib, was ta test
Gern.
Entsetz lich Weib! Ent setz lich Weib, was ta test
O Weib! O Weib, was ta test
O Weib! O Weib, was ta test
Vl. I.
Vl. II.
Vla.
Vcl.
Basso.
cresc.

Fl.
Ob.
Clar. B.
Fag.
F.
Cor.
D.
Tr. D.
Timp.
Ada.
Lora.
Drol.
Ar.
Gun.
Gern.
Vl. I.
Vl. II.
Vla.
Vcl.
Basso.
ff
p
espress.
a 2
trem.
(Mit Angst.)
O Him_mel schütz' ihn, schütz' ihn vor Ver_dacht!
du, was ta_test du! Entsetz_lich Weib,
Vorwurf und Ver_dacht! Es paart sich Vor_wurf und Ver_
Entsetzlich Weib,
du, was ta_test du! Ent_setz_ _lich Weib, was

Fl.
Ob.
Clar. B.
Fag.
a 2
F.
Cor.
D.
Tr. D.
Timp.
Ada.
O schütz ihn vor Ver - dacht, vor Ver -
Lora.
was ta - test du! Ent - setz - lich Weib, was ta - test du, was ta - test
Drol.
was ta - test du! Ent - setz - lich Weib, was ta - test du, was ta - test
Ar.
dacht! Es paart sich Vor - wurf und Ver -
Gun.
was ta - test du! Ent - setz - lich Weib, was ta - test du, was ta - test
Gern.
was ta - test du! Ent - setz - lich Weib, was ta - test du, was ta - test
ta - - - test du! Ent - setz - lich Weib, was ta - test du, was ta - test
ta - - - test du! Ent - setz - lich Weib, was ta - test du, was ta - test
Vl. I.
Vl. II.
Vla.
Vcl.
Basso.

Più Allegro.

Fl. — Ob. a 2 *f sempre* — Clar. B. a 2 *f sempre* — Fag. a 2 *f sempre* — F. Cor. D. — Tr. D. — Timp.

f *p* *cresc.*

Ada. dacht!

Lora. du!

Drol. du!

Ar. dacht!

Gun. du!

Gern. du!

du!

du!

Chor der Krieger.

Basso.

(Flüchtlinge vom Chor der Krieger kommen.)

Entflieht, entflieht! wir sind be-

Vl. I. *f sempre* — Vl. II. *f sempre* — Vla. *f sempre* — Vcl. *f sempre* — Basso.

f *p* *cresc.*

Più Allegro.

Fl.
Ob.
Clar. B.
Fag.
F.
Cor.
D.
Tr. D.
Timp.
Ada.
Lora.
Welch' neu-es Un-heil stürmt auf uns, und dro-het uns mit Un - tergang!
Drol.
Welch' neu-es Un - heil stürmt auf uns, und dro - het uns mit Un - tergang!
Ar.
Welch' neu-es Un-heil
Gun.
Welch' neu - es Un-heil stürmt auf uns, und dro - het uns mit Un - tergang!
Gern.
Welch' neu - es Un-heil stürmt auf uns, und dro - het uns mit Un - tergang!
Welch' neu-es Un-heil stürmt auf uns, und dro - het uns mit Un - tergang!
Welch' neu-es Un-heil stürmt auf uns, und dro - het uns mit Un - tergang!
siegt!
Vl. I.
Vl. II.
Vla.
Vcl.
Basso.

Fl.
Ob.
Clar. B.
Fag.
F. Cor. D.
Tr. D.
Timp.
Ada.
Lora.
Drol.
Ar.
Gun.
Gern.
Vl. I.
Vl. II.
Vla.
Vel. e Basso.
a 2
Dies Un - heil trifft mich mehr als ihn!
Welch' neu - es Un - heil
Welch' neu - es Un - heil
stürmt auf mich, und drohet mir mit Un - tergang!
Welch' neu - - es
Welch' neu - es Un - heil
Welch' neu - es Un - heil
Welch' neu - es Un - heil
Welch' neu - es Un - heil

Fl.
Ob.
Clar. B.
Fag.
F.
Cor.
D.
a 2
Tr. D.
Timp.
Ada.
Es wei - het mich dem Unter - gang, dem Un - tergang!
Lora.
stürmt auf uns, und drohet uns mit Un - tergang!
Drol.
stürmt auf uns, und drohet uns mit Un - tergang!
Ar.
Un - heil stürmt auf mich! Welch' neu - es
Gun.
stürmt auf uns, und drohet uns mit Un - tergang!
Gern.
stürmt auf uns, und drohet uns mit Un - tergang!
stürmt auf uns, und drohet uns mit Un - tergang!
stürmt auf uns, und drohet uns mit Un - tergang!
Vl. I.
Vl. II.
Vla.
Vcl. e Basso.

Fl.
Ob.
Clar. B.
Fag.
F.
Cor.
D.
Tr. D.
Timp.
Ada.
Dies Un - heil trifft mich mehr als ihn! Es
Lora.
Welch' neu - es Unheil stürmt auf uns,
Drol.
Welch' neu - es Unheil stürmt auf uns,
Ar.
Un-heil stürmt auf mich! Hier Zwie - tracht, draußen Unter-
Gun.
Welch' neu - es Unheil stürmt auf uns,
Gern.
Welch' neu - es Unheil stürmt auf uns,
Welch' neu - es Unheil stürmt auf uns, und
Welch' neu - es Unheil stürmt auf uns, und
Vl. I.
Vl. II.
Vla.
Vcl.
Basso.

Fl.
Ob.
Clar. B.
Fag.
F.
Cor.
D.
a 2
Tr. D.
Timp.
Ada.
wei - het mich dem Un - ter - gang es wei-het mich dem Un - ter - gang!
Lora.
und dro-het uns, und dro-het uns mit Un - - - - ter - gang!
Drol.
und dro-het uns, und dro-het uns mit Un - - - - ter - gang!
Ar.
gang, welch' neu-es Unheil! Hier Zwietracht, drau - ßen Un - ter - gang, ach, A-da,
Gun.
und dro-het uns, und dro-het uns mit Un - - - - ter - gang!
Gern.
und dro-het uns, und dro-het uns mit Un - - - - ter - gang!
dro - het uns, und dro-het uns mit Un - ter - - gang, mit Un - ter - gang!
dro - het uns, und dro-het uns mit Un - ter - - gang, mit Un - ter - gang
Vl. I.
Vl. II.
Vla.
Vcl. e Basso.

a 2
Ob.
Clar. B.
Fag.
F.
Cor.
D.
Ada.
Ar.
Zu dei-nem Tro-ste kam ich
weißt du kei-nen Trost für mich in die-sen schwe-ren Lei-den?
trem.
Vl. I.
Vl. II.
Vla.
Vcl. e Basso.
nicht, zu dei-ner Qual bin ich er-schie-nen!
Sie wei-set kalt mich von sich ab;
Recit.
Wie könn-te sie den Gat-ten trösten, dem sie die Kin-der-mor-de-te!

a tempo
Ob.
Clar. B.
Fag.
F. Cor. D.
Lora.
All' meine letz - te Hoff - nung sinkt! der treu - e Ha - rald bleibet aus, mit seiner
Vl. I.
Vl. II.
Vla.
Vcl. e Basso.
cresc.
Recit.
a tempo
Hül - fe, die er versprach, vom Nachbarlande herzu - schaf - fen! O Hül - - fe jetzt, und niemals
Vcl.
Basso.

Allegro di molto e strepitoso.
Fl.
Ob.
a 2
f sempre
Clar. B.
Fag.
F.
Cor.
D.
Tr. D.
Timp.
Ada.
Lora.
mehr!
Drol.
Ar.
Gun.
Gern.
Sopr.
Schon nä - her dringt der Sturm, hört ihr den grau - sen Lärm!
Alto.
Ten.
Schon nä - her dringt der Sturm, hört ihr den grau - sen Lärm!
Basso.
Chor der Krieger.
Tenore.
(Neue Flüchtlinge kommen)
Ver - lo - ren, ach ver - lo - - -
Vl. I.
Vl. II.
Vla.
Vcl.
Basso.
Allegro di molto e strepitoso.

Fl.
Ob.
Clar. B.
Fag.
F.
Cor.
D.
Tr. D.
a 2
Timp.
cresc.
p cresc.
Ada.
Lora.
Ihr Feigen was entflieht ihr, führt euch der tapf - re
Drol.
Ar.
Gun.
Gern.
ren! Nichts kann uns mehr er - retten!
Vl. I.
Vl. II.
Vla.
Vcl. e Basso.

Fl.
Ob.
Clar. B.
Fag.
F. Cor. D.
Tr. D.
Timp.
Ada.
Lora.
Drol.
Ar.
Gun.
Gern.
Vl. I.
Vl. II.
Vla.
Vcl. e Basso.
a 2
f più f
(„Mit einem Schrei")
Mo - rald nicht?
Tot!
Zu
Er ist verschwun - den uns, ge - fangen, oder tot. -

a 2
Fl.
Ob.
Clar. B.
Fag.
F.
Cor.
D.
Tr. D.
Timp.
Ada.
Lora.
Drol.
Ar.
Gün.
Gern.
Trümmern stürze
Alles hin, der
Beste ist ge -
fallen!
Zu
Trüm - mern
stürze
Zu Trümmern
Vl. I.
Vl. II.
Vla.
Vcl. e Basso.

Fl.
Ob.
Clar. B.
Fag.
F.
Cor.
D.
Tr. D.
Timp.
Ada.
Lora.
Drol.
Ar.
Gun.
Gern.
Vl. I.
Vl. II.
Vla.
Vcl. e Basso.
ff sempre
f sempre
Noch ahnt er nicht, daß ich die Schuld an al-lem seinen E-lend bin!
Al-les hin!
Zu Trümmern
Al-les hin!
Zu Trümmern

Fl.
Ob.
Clar. B.
Fag.
F.
Cor.
D.
Tr. D.
Timp.
Ada.
Lora.
stürze Al-les, in Trümmern stürze Al-les, in Trümmern stürze,
Drol.
stürze Al-les, in Trümmern stürze Al-les, in Trümmern stürze,
Ar.
stürze Al-les, in Trümmern stürze Al-les, in Trümmern stürze,
Gun.
stürze Al-les, in Trümmern stürze Al-les, in Trümmern stürze,
Gern.
stürze Al-les, in Trümmern stürze Al-les, in Trümmern stürze,
stürze Al-les, in Trümmern stürze Al-les, in Trümmern stürze
stürze Al-les, in Trümmern stürze Al-les, in Trümmern stürze
Vl. I.
Vl. II.
Vla.
Vcl. e Basso.

Fl.
Ob.
Clar. B.
Fag.
F.
Cor.
D.
Tr. D.
Timp.
Ada.
Noch ahnt er nicht, daß ich die Schuld an allem E - - lend bin, noch ahnt er
Lora.
in Trümmern stür - ze Al - les, in Trüm - mern stür - ze Al - les! Zu
Drol.
in Trümmern stür - ze Al - les, in Trüm - mern stür - ze Al - les! Zu
Ar.
in Trümmern stür - ze Al - les, in Trüm - mern stür - ze Al - les! Zu
Gun.
in Trümmern stür - ze Al - les, in Trüm - mern stür - ze Al - les! Zu
Gern.
in Trümmern stür - ze Al - les, in Trüm - mern stür - ze Al - les! Zu
Al - les, in Trümmern stür - ze Al - les, in Trüm - mern stür - ze Al - les! Zu
Al - les, in Trümmern stür - ze Al - les, in Trüm - mern stür - ze Al - les! Zu
Vl. I.
Vl. II.
Vla.
Vcl. e Basso.
a 2
ff

Fl.
Ob.
Clar. B.
Fag.
F.
Cor.
D.
a2
Tr. D.
Timp.
ff
Ada.
nicht, daß ich die Schuld an allem E - - - - - lend bin! Noch ahnt er nicht,
Lora.
Trümmern stürze, in Trümmern, in Trümmern stür - ze Alles! Zu Trümmern
Drol.
Trümmern stürze, in Trümmern, in Trümmern stür - ze Alles! Zu Trümmern
Ar.
Trümmern stürze, in Trümmern, in Trümmern stür - ze Alles! Zu Trümmern
Gun.
Trümmern stürze, in Trümmern, in Trümmern stür - ze Alles! Zu Trümmern
Gern.
Trümmern stürze, in Trümmern, in Trümmern stür - ze Alles! Zu Trümmern
Trümmern stürze, in Trümmern, in Trümmern, in Trüm - mern stür - ze Alles! Zu Trümmern
Trümmern stürze, in Trümmern, in Trümmern, in Trüm - mern stür - ze Alles! Zu Trümmern
Vl. I.
Vl. II.
Vla.
Vcl. e Basso.

Fl.
Ob.
Clar. B.
Fag.
F. Cor. D.
a 2
Tr. D.
Timp.
ff
Ada.
daß ich die Schuld an allem E - - - - lend bin!
Lora.
stürze, in Trümmern stürze Al - - les hin!
Drol.
stürze, in Trümmern stürze Al - - les hin!
Ar.
stürze, in Trümmern stürze Al - - les hin!
Gun.
stürze, in Trümmern stürze Al - - les hin!
Gern.
stürze, in Trümmern stürze Al - - les hin!
stürze, in Trümmern stürze, in Trümmern stürze Al - les hin!
stürze, in Trümmern stürze, in Trümmern stürze Al - les hin!
Vl. I.
Vl. II.
Vla.
Vcl. e Basso.

Tempo meno Allegro.
Cor. F.
Chor.
Seht dort kommt Ha - rald
Seht dort kommt Ha - rald
Seht dort kommt Ha - rald
Vl. I.
Vl. II.
Vla.
Vcl.
Basso.
Clar. B.
Fag.
Cor. F.
Ar.
Der letz - te Hoff - nungs -
her, der Hül - fe uns ver - sprach!
her, der Hül - - fe uns ver - sprach!
her, der Hül - fe uns ver - sprach!
Vl. I.
Vl. II.
Vla.
Vcl.
Basso.

Clar. B.
Fag.
Cor. F.
Ada.
Wird mir zum Un - ter - gang!
Lora.
Sag an, wo sind die Krie - ger, die du zur
Ar.
schein.
Vl. I.
Vl. II.
Vla.
Vcl.
Basso.
cresc.
Clar. B.
Fag.
F.
Cor.
D.
a 2
Lora.
Hül - fe bringst?
Harald.
Weh euch! Ich brin - ge nichts! - Ver - nich - tet ist mein
trem.
Vl. I.
Vl. II.
Vla.
Vcl.
Basso.

Fl.
Ob.
Clar. B.
Fag.
F. Cor. D.
a 2
Tr. D.
Timp.
Lora. Was sagt er? Kei - ne Hül - fe, nur neu - - er Un - tergang!
Drol. Was sagt er? Kei - ne Hül - fe, nur neu - - er Un - tergang!
Ar. Was sagt er? Kei - ne Hül - fe, nur neu - - er Un - tergang!
Gun. Was sagt er? Kei - ne Hül - fe, nur neu - - er Un - tergang!
Gern. Was sagt er? Kei - ne Hül - fe, nur neu - - er Un - tergang!
Har. Werk!
Sopr. Kei - - ne Hül - fe, nur neu - er Un - tergang!
Alto.
Ten. Kei - - ne Hül - fe, nur neu - er Un - tergang!
Basso.
Vl. I.
Vl. II.
Vla.
Vcl. e Basso.
dim.
Recit.
Har. Die besten Krieger hat - te ich ge - worben, und schon nicht fern mehr, waren wir der Stadt, - da stellt sich uns ein Kriegsheer in den
trem.
Vl. I.
Vl. II.
Vla.
Vcl. e Basso.

Har.
Weg, an sei_ner Spitze ein gewaff_net Weib,– sie griff uns an, mit un - erhör_ter Macht, und al_les war in
Vl.I.
Vl.II.
Vla.
Vcl.e Basso.
Ob.
Clar. B.
Fag.
F. Cor. D.
a2
Har.
kur_zer Zeit zer_streut. Dann sprach das Weib: „geh' heim zu A_rin_dal, sag' ihm, ich sei A_da, die
Fl.
Tr.D.
Timp.
Ada.
(Für sich.)
O, muß ich die_ses noch ertra_gen!
Ar.
(halb gesprochen)
Wie sagst du,– ist es diese– die dir den Auftrag gab?
Kö_nigin!"
div.
trem.

poco Andante
Tempo I.
Fl.
Ob.
Clar. B.
Fag.
F.
Cor.
D.
Tr. D.
Timp.
Lora.
Ent - setz - - lich, sei-ne Gat - tin
Drol.
Ent - setz - - lich, sei-ne Gat - tin
Ar.
Gun.
Ent - setz - - lich, sei-ne Gat - tin
Gern.
Ent - setz - - lich, sei-ne Gat - tin
Har.
Mein Kö-nig, ja- sie ist's!
Entsetz-lich, sei-ne Gat-tin
Entsetz-lich, sei-ne Gat-tin
Vl. I.
Vl. II.
Vla.
Vcl. e Basso.
poco Andante
Tempo I.

Fl.
Ob.
Clar. B.
Fag.
F.
Cor.
D.
Tr. D.
Timp.
Lora.
Drol.
Ar.
Gun.
Gern.
Har.
Vl. I.
Vl. II.
Vla.
Vcl. e Basso.
a 2
cresc.
trem.
ist mit dem Feind im Bund!
Ha furchtbar tagts in mir, – ich war von je be-

Clar. B.
Fag.
Ar.
tro_gen!
Ha schänd_lich Weib, so bist du jetzt ent_larvt, und dei_ner
Vl. I.
Vl. II.
Vla.
Vcl.
Basso.
ff
fp
p
ar_gen Tük_ke Ziel ist da! Von je_nen Zau_be_rinnen bist du ei_ne, die zum Ver_der_ben uns mit
cresc.
Lieb' umstricken! Du hiel_test mich in schnöden Ban_den fest, ver_locktest mich durch bö_sen Trug!
a 2

poco Andante

Tempo I.

Fl. Ob. Clar. B. Fag. Cor. F. D. Tr. D.

Ada. Mein A-rindal, mein A-rin-dal!

Ar. Um grau-sam mich zu quä-len, gabst mei-ner Kin-dern du den Feu-er-todt,- zer-trüm-mertest mit ar-ger List mein Reich, ich selbst bin der Ver-

Vl. I. Vl. II. Vla. Vcl. Basso.

poco Andante
Tempo I.
Fl.
Ob.
Clar. B.
Fag.
F.
Cor.
D.
Tr. D.
Ada.
Ar.
Vl. I.
Vl. II.
Vla.
Vcl.
Basso.
a 2
ff
fp
mf
p
f
Halt ein! Halt ein!
zweif - lung preis-gege-ben!
Zu was dich län - ger
Vcl. e Basso.
trem.
A - rindal! Halt ein!
scho-nen, um dich zu stra-fen, gabst du mir die Macht! Ver-ruch-tes Weib,- sei denn ver-

colla parte
Grave.
a 2
Fl.
Ob.
Clar. B.
Fag.
F.
Cor.
D.
Tr. D.
Tromb.
Timp.
(Entsetzlicher Schrei.)
(Zemina und Farzana erscheinen.)
ad libitum
Ada.
Ah!
Mein-ei-di-ger, was ta-test du?
Lora.
Drol.
Zem.
A-da, die Ban-de sind ge-löst, un-
Farz.
A-da, die Ban-de sind ge-löst, un-
Ar.
flucht!
Gun.
Gern.
Sopr.
Alto.
Ten.
Basso.
Vl. I.
Vl. II.
Vla.
Vcl. e Basso.
colla parte
Grave.

Tempo I.
Fl.
Ob.
Clar. B.
Fag.
F.
Cor.
D.
Tr. D.
Tromb.
Timp.
Ada.
Lora.
O Gott, was hö-ren wir, was hat das zu be-deu-ten?
Drol.
O Gott, was hö-ren wir, was hat das zu be-deu-ten?
Zem.
sterblich bleibst du, wie zu-vor!
Farz.
sterblich bleibst du, wie zu-vor!
Ar.
Gun.
O Gott, was hö-ren wir, was hat das zu be-deu-ten?
Gern.
O Gott, was hö-ren wir, was hat das zu be-deu-ten?
Was hö-ren wir, was hat das zu be-deu-ten?
Was hö-ren wir, was hat das zu be-deu-ten?
Vl. I.
Vl. II.
Vla.
Vcl. e Basso.
Tempo I.

Più agitato.
Fl.
Ob.
Clar. B.
Fag.
F.
Cor.
D.
Tr. D.
Timp.
Ada.
Vl. I.
Vl. II.
Vla.
Vcl. e Basso.
Recit.
(Mit wütendem Schmerz.)
Ent - setz - licher! So hieltest du den Schwur? Mit solchem Mut bewahrtest du die Treu?

a tempo — Recit.

Fl. / Ob. / Clar. B. / Fag. / F. Cor. D. / Tr. D. / Timp. / Ada. / Vl. I. / Vl. II. / Vla. / Vcl. e Basso.

Ada.: Ver-lo-ren, ach ver-lo-ren! Weh! un-glücklich hast du für E-wig-keit dein Weib ge-

a tempo — Recit.

Fl. / Ob. / Clar. B. / Fag. / F. Cor. D. / Tr. D. / Timp. / Ada. / Vl. I. / Vl. II. / Vla. / Vcl. / Basso.

Ada.: macht! So wis-se denn, wie groß die Fre-vel-tat! –

Lento.
Recit.
Lento.
Fl.
Ob.
Clar. B.
Fag.
F.
Cor.
D.
Tromb.
Ada.
Von einem Sterb_lichen und einer Fee_ bin ich er_zeugt, und so der Mutter gleich un_sterb_ _lich;
Vl. I.
Vl. II.
Vla.
Vcl. e Basso.
Recit.
Andante.
Recit.
Ob.
Clar. B.
Fag.
F.
Cor.
D.
Ada.
da sah'ich dich, und dir Mein_ei_diger, wandt'ich all meine hei_ße Liebe zu! Sie war so groß, daß ich, um dein zu sein,
Vl. I.
Vl. II.
Vla.
Vcl. e Basso.

Allegro.
Recit.
Fl.
Ob.
Clar. B.
Fag.
F. Cor. D.
a 2
Ada.
frei-willig der Un-sterb-lichkeit ent-sagte! Der Fee-enkö-nig zürn-te mir dar-um, und da den
Vl.I.
Vl.II.
Vla.
Vcl.e Basso.
Fl.
Ob.
Clar. B.
Fag.
Tromb.
Ada.
Rücktritt er nicht weh-ren konnte, sucht' er ihn dadurch zu er-schweren mir, daß er mir die-ses als Be-ding-nis gab:
Vl.I.
Vl.II.
Vla.
Vcl.e Basso.
Ada.
acht Jahr dir zu verschweigen, wer ich sei, und an dem letz-ten Tag auf dich so viel der Qua-len und der Schrecken aufzuhäufen,
Vl.I.
Vl.II.
Vla.
Vcl.e Basso.
cresc.

Allegro. **Moderato.**

Fl.
Ob.
Clar. B.
Fag.
F. Cor. D.
Tr. D.
Timp.

a 2

Ada.

als dich verleiten könnten, mir zu fluchen! Nur wenn dein Herz standhaft vor

Vl. I.
Vl. II.
Vla.
Vcl.
Basso.

Recit.

Fl.
Ob.
Clar. B.
Fag.
F. Cor. D.

Ada.

Liebe sei, sollt' ich das Los der Sterblichkeit er_halten. Wenn nicht, so soll_te ich un_

Vl. I.
Vl. II.
Vla.
Vcl.
Basso.

Fl.
Ob.
Clar. B.
Fag.
F. Cor. D.
Tr. D.
Timp.
Ada.
sterblich bleiben, und dann noch mein Be - gehren dadurch bü - ßen, daß ich, auf hundert Jahr' in ei_nen
Vl. I.
Vl. II.
Vla.
Vcl. e Basso.
Lento.
Allegro.
Recit.
Tromb.
(Mit innerem Schauder.)
Stein ver_wandelt sei! Nun denn, du kennst mein
meno f > p

a tempo Allegro
Ob.
Clar. B.
Fag.
F. Cor. D.
Tr. D.
Timp.
Ada.
Ar.
Vl. I.
Vl. II.
Vla.
Vcl.
Basso.
Vcl. e Basso.
Los!
O Gott, wie braust's in mei_nem Hirn! Sag' an, bist du nicht Schuld an meines Reiches Not?
Sie en_det schneller noch als sie be_rei_tet.
Nun denn, sind je_ne Krie_ger nicht er_schlagen die die_ser mir zu Hül_fe brach_te?
Ich tat's, es wa_ren dei_nes Fein_des Krie_ger, mit denen Ha_rald dich ver_ra_ten wollte.
Und
trem.

Fl.
Ob.
Fag.
Cor. D.
Tr. D.
Timp.
Ada.
Ar.
Vl. I.
Vl. II.
Vla.
Vcl.
Basso.
(Harald wird ergriffen und abgeführt.)
Durch meine Macht besiegt er jetzt den Feind.
Mo-rald, fiel er nicht, war es nur Schein?
Was frag' ich noch,-
schon faßt mich Wahnsinn an!
(Mit äußerster Kraftanstrengung.)
Doch meiner Kinder Mord ver-dammet dich!
colla parte
(Auf Ada's Zeichen kommen ihre beiden Kinder und stürzen in Arindal's Arme.)
ad libitum
Von ih-rer Ge-burt ge-
reinigt nimm sie hin;- der Er-de schönstes Los beglücke sie;- nur mich, nur mich nimmt gren-zen-lo-ses E-lend auf!-
Vcl. e Basso.
cresc.
dim.
trem.
div.
a 2
3.4.

a tempo

colla parte

Fl.

Ob.

Fag.

Cor. D.

Tr. D.

Tromb.

Timp.

(Sinkt zu Ada's Füßen zusammen.) *ad libitum*

Ar. Nun denn! Ver_zweiflung, dir ge_hör' ich

Vl. I.

Vl. II.

Vla.

Vcl. e Basso.

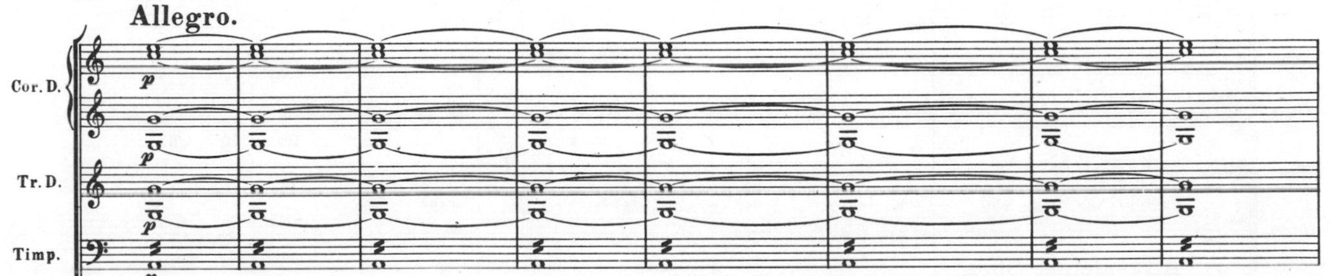

Allegro.

Cor. D.

Tr. D.

Timp.

Trombe in D (auf der Bühne). cresc.

Ar. an!

(Morald kommt mit den Kriegern.)

Chor der Krieger (hinter der Bühne).

Ten. I. Tri_umph! Tri_umph! Tri_umph! Wir sind be_freit, er_schla_gen ist der

Ten. II.

Basso I. Tri_umph! Tri_umph! Tri_umph! Wir sind be_freit, er_schla_gen ist der

Basso II.

Vl. I.

Vl. II.

Vla.

Vcl. e Basso.

Fl. picc.
Fl.
Ob.
Clar. A.
Fag.
Cor. D.
Tr. D.
Tromb.
Timp.
Tromb. a. d. B.
Ada.
Lora.
Was hör' ich,
Drol.
Was hör' ich,
Zem.
Farz.
Ar.
Gun.
Was hör' ich,
Mor.
Ich bringe Sieg und Freude, vernichtet ist der Feind!
Gern.
Was hör' ich,
Allgemeiner Chor.
Sopr.
Wir sind be-
Alto.
Ten.
Wir sind be-
Basso.
Feind!
Feind!
Vl. I.
Vl. II.
Vla.
Vcl. e Basso.

Fl. picc.
Fl.
Ob.
Clar. A.
Fag.
Cor. D.
Tr. D.
Tromb.
Timp.
cresc.
Ada.
Lora.
Drol.
Zem.
Farz.
Ar.
Gun.
Mor.
Gern.
Gott, wir sind be - freit, wir sind be - freit,
Gott, wir sind be - freit,
Wir sind be - freit, wir sind be - freit, wir sind be -
freit, wir sind befreit, Gott, wir sind be - freit,
Vl. I.
Vl. II.
Vla.
Vcl. e Basso.

Fl.picc.
Fl.
Ob.
Clar. A.
Fag.
Cor. D.
Tr. D.
Tromb.
Timp.
Ada.
Lora.
Drol.
Zem.
Farz.
Ar.
Gun.
Mor.
Gern.
Vl.I.
Vl.II.
Vla.
Vcl.e Basso.
cresc.
più f
wir sind be - freit!
freit, wir sind be - freit, wir sind be - freit!
wir sind be - freit,
Er -

Allegro di molto assai e vivace.
Fl.picc.
Fl.
Ob.
Clar. A.
Fag.
Cor. D.
Tr. D.
Tromb.
Timp.
Ada.
Lora.
Drol.
Zem.
Farz.
Ar.
Gun.
Mor.
Gern.
tö - net, er - tö - net, er - tö - net, er - tö - net Ju - bel - klänge, zum
tö - net, er - tö - net, er - tö - net, er - tö - net Ju - bel - klänge, zum
Vl.I.
Vl.II.
Vla.
Vcl.
Basso.
Allegro di molto assai e vivace.

Fl.picc.
Fl.
Ob.
Clar. A.
Fag.
Cor. D.
Tr. D.
Tromb.
Timp.
Ada.
Lora.
Drol.
Zem.
Farz.
Ar.
Gun.
Mor.
Gern.
Him - mel hoch em - por, des Sie - ges Hoch - ge - sänge, er - schal - len jetzt al - lein! Er - tö - net, er - tö - net, ihr
Him - mel hoch em - por, des Sie - ges Hoch - ge - sänge, er - schal - len jetzt al - lein! Er - tö - net, er - tö - net, ihr
Vl.I.
Vl.II.
Vla.
Vcl. e Basso.

Fl.picc.
Fl.
a 2
Ob.
Clar. A.
Fag.
Cor. D.
Tr. D.
Tromb.
Timp.
Ada.
Lora.
Drol.
Zem.
Farz.
Ar.
Gun.
Mor.
Gern.
Ju - bel - klän - ge, er - tö - net zum Him - mel — hoch em - por! Er - tö - net, er - tö - net, er - tö -
Ju - bel - klän - ge, er - tö - net zum Him - mel hoch em - por! Er - tö - net, er - tö - net, er - tö -
er - tö -
Vl. I.
Vl. II.
Vla.
Vcl. e Basso.
ff

Fl.picc.
Fl.
Ob.
Clar. A.
Fag.
Cor. D.
Tr. D.
Tromb.
Timp.
Ada.
Lora.
Drol.
Zem.
Farz.
Ar.
Gun.
Mor.
Gern.
Vl. I.
Vl. II.
Vla.
Vcl e Basso.
Ich drücke dich als Sie-ger an mei-ne fro-he
Er-tö-net Ju-bel-klänge zum Him-mel hoch em-
So ist sie denn ge-ret-tet, zu-
So ist sie denn ge ret tet, zu-
Er-tö-net Ju-bel-klänge zum Him-mel hoch em-
Ich drücke dich als Sie-ger an mei-ne fro-he
Er-tö-net Ju-bel-klänge zum Him-mel hoch em-
-net zum Him-mel hoch em-por! Des Sie-ges, des
-net zum Him-mel hoch em-por! Des Sie-ges, des

Fl. picc.
Fl.
Ob.
Clar. A.
Fag.
Cor. D.
Tr. D.
Tromb.
Timp.

Ada.

Lora. Brust, welch' un-nenn-ba-re Freu-de, von dir be-freit zu sein!

Drol. por, des Sie-ges Hoch-ge-sän-ge er-schal-len jetzt al-lein!

Zem. rück-ge-ge-ben uns; nach der Ver-ban-nung Lei-den wird sie unsterb-lich sein!

Farz. rück-ge-ge-ben uns; nach der Ver-ban-nung Lei-den wird sie unsterb-lich sein!

Ar.

Gun. por, des Sie-ges Hoch-ge-sän-ge, er-schal-len jetzt al-lein!

Mor. Brust; welch' un-nenn-ba-re Freu-de, dich Hol-de zu be-frein!

Gern. por, des Sie-ges Hoch-ge-sän-ge, er-schal-len jetzt al-lein!

Sie-ges, des Sie-ges, des Sie-ges Hoch-ge-

Sie-ges, des Sie-ges, des Sie-ges Hoch-ge-

Vl. I.
Vl. II.
Vla.
Vcl. e Basso.

Fl. picc.
Fl.
a 2
Ob.
a 2
Clar. A.
a 2
Fag.
cresc.
Cor. D.
Tr. D.
mf
Tromb.
Timp.
Ada.
Lora.
Welch' un - nenn - ba - re Freu de, von dir befreit zu sein! Von
Drol.
Des Sie - ges Hochge - sän - ge er - schallen jetzt al - lein! Er-
Zem.
Nach der Ver - ban - - - - nung Leiden!
Farz.
Nach der Ver - ban - - - - nung Leiden!
Ar.
Gun.
Des Sie - ges Hoch - ge - sän - ge er - schallen jetzt al - lein! Er-
Mor.
Welch' un - nenn - ba - re Freu - de, dich Hol - de zu be - frein! Dich
Gern.
Des Sie - ges Hoch - ge - sän - ge er - schallen jetzt al - lein! Er-
sän - ge er - schallen jetzt al - lein; des Sie - ges Hochge - sän - ge er schallen jetzt al-
sän - ge er - schallen jetzt al - lein; des Sie - ges Hoch - ge - sän - ge er schallen jetzt al-
Vl. I.
Vl. II.
Vla.
Vel. e Basso.

Fl. picc.
Fl.
Ob.
Clar. A.
Fag.
Cor. D.
Tr. D.
Tromb.
Timp.
Ada.
Hin_weg von mir, Ver_räter, ich stoße dich von mir!
Lora.
dir be_freit zu_sein, zu sein!
Drol.
schallen jetzt al_lein, al_lein!
Zem.
wird sie un_sterb_lich sein! Nach
Farz.
wird sie un_sterb_lich sein! Nach
(Arindal windet sich zu Ada's Füßen.)
Ar.
Ach A_da hab' Erbarmen, stoß' mich nicht ganz von dir!
Gun.
schal_len jetzt al_lein, al_lein!
Mor.
Hol_de zu be_frein, zu be_frein!
Gern.
schal_len jetzt al_lein, al_lein!
lein, er_schallen jetzt al_lein! Er_tö_net, er_
lein, er_schal_len jetzt al_lein! Er_tö_net, er_
Vl. I.
Vl. II.
Vla.
Vcl. e Basso.

Fl. picc.
Fl.
a2
Ob.
Clar. A.
Fag.
Cor. D.
Tr. D.
Tromb.
Timp.
Ada.
Lora.
Ich drücke dich als Sie-ger an mei-ne fro-he Brust. O! wel-ches
Drol.
Er-tö-net Ju-bel-klän-ge zum Him-mel hoch em-por! Zum Him-mel
Zem.
der Ver-ban-nung Lei-den wird sie un-sterb-lich sein!
Farz.
der Ver-ban-nung Lei-den wird sie un-sterb-lich sein!
Ar.
Gun.
Er-tö-net Ju-bel-klän-ge zum Him-mel hoch em-por! Zum Him-mel
Mor.
Ich drücke dich als Sie-ger an mei-ne fro-he Brust! O! wel-ches
Gern.
Er-tö-net Ju-bel-klän-ge zum Him-mel hoch em-por! Zum Him-mel
tö-net ihr Ju-bel-klän-ge, er-tö-net, er-tö-net zum Him-mel hoch em-por! Des
tö-net ihr Ju-bel-klän-ge, er-tö-net, er-tö-net zum Him-mel hoch em-por! Des
Vl. I.
Vl. II.
Vla.
Vcl. e Basso.

Fl. picc.
Fl.
Ob.
Clar. A.
Fag.
Cor. D.
Tr. D.
Tromb.
Timp.
Ada.
Noch eh' der Tag sich en - det umschlie - ßet mich der
Lora.
Glück, von dir, von dir be - freit zu
Drol.
hoch, zum Him - mel hoch em - por, em -
Zem.
Un - - - - sterblich sein, un - sterb - - - - - - - - lich
Farz.
Un - - - - sterblich sein, un - sterb - - - - - - - - lich
Ar.
Ach A - da, ach A - da stoß mich nicht ganz von
Gun.
hoch, zum Him - mel hoch em - por, em -
Mor.
Glück, dich Hol - de, dich Hol - - de zu be -
Gern.
hoch, zum Him - mel hoch em - por, em -
Sie - ges Hochge - sän - ge er - schal - len jetzt al - lein, al -
Sie - ges Hochge - sän - ge er - schal - len jetzt al - lein, al -
Vl. I.
Vl. II.
Vla.
Vcl.
Basso.

Fl. picc.
Fl.
Ob.
Clar. A.
Fag.
Cor. D.
Tr. D.
Tromb.
Timp.
Ada.
Stein! Noch eh' der Tag sich endet um_schlie_ßet mich der_
Lora.
sein!
Drol.
por!
Zem.
sein!
Farz.
sein!
Ar.
dir; Ver_zweif_lung muß mich fas_sen! - Wahn_sinn mein En_de sein!
Gun.
por!
Mor.
frein!
Gern.
por!
lein!
Er_
lein!
Er_
Vl. I.
Vl. II.
Vla.
Vel.
Basso.

Fl. picc.
Fl.
Ob.
Clar. A.
Fag.
Cor. D.
Tr. D.
Tromb.
Timp.
Ada.
Stein!
Lora.
Ich drük - ke dich als Sie - ger an mei - ne fro - he Brust!
Drol.
Er - tö - net, er - tö - net, er - tö - net Ju - bel - klän - ge!
Zem.
wird sie un - sterb - lich sein!
Farz.
wird sie un - sterb - lich sein!
Ar.
Verzweif - lung muß mich fassen!
Gun.
Er - tö - net, er - tö - net, er - tö - net Ju - bel - klän - ge!
Mor.
Ich drük - ke dich als Sie - ger an mei - ne fro - he Brust!
Gern.
Er - tö - net, er - tö - net, er - tö - net Ju - bel - klän - ge!
tö - net, er - tö - net ihr Ju - bel - klän - ge! Des
tö - net, er - tö - net ihr Ju - bel - klän - ge! Des
Vl. I.
Vl. II.
Vla.
Vcl. e Basso.

Fl. picc.
Fl.
a 2
Ob.
Clar. A.
Fag.
Cor. D.
Tr. D.
Tromb.
Timp.
ff
f
Ada.
Lora.
Welch un - nenn - ba - re Freu - de, von dir be - freit zu
Drol.
Des Sie - ges Hoch - ge - sän - ge er - schallen jetzt al -
Zem.
Wird sie un - sterb - - - - - lich
Farz.
Wird sie un - sterb - - - - - lich
Ar.
Gun.
Des Sie - ges Hoch - ge - sän - ge er - schallen jetzt al -
Mor.
Welch un - nenn - ba - re Freu - de, dich Hol - de zu be -
Gern.
Des Sie - ges Hoch - ge - sän - ge er - schallen jetzt al -
Sie - ges, des Sie - ges, des Sie - ges Hoch - ge - sän - ge, er -
Sie - ges, des Sie - ges, des Sie - ges Hoch - ge - sän - ge, er -
Vl. I.
Vl. II.
Vla.
Vcl. e Basso.

Prestissimo.

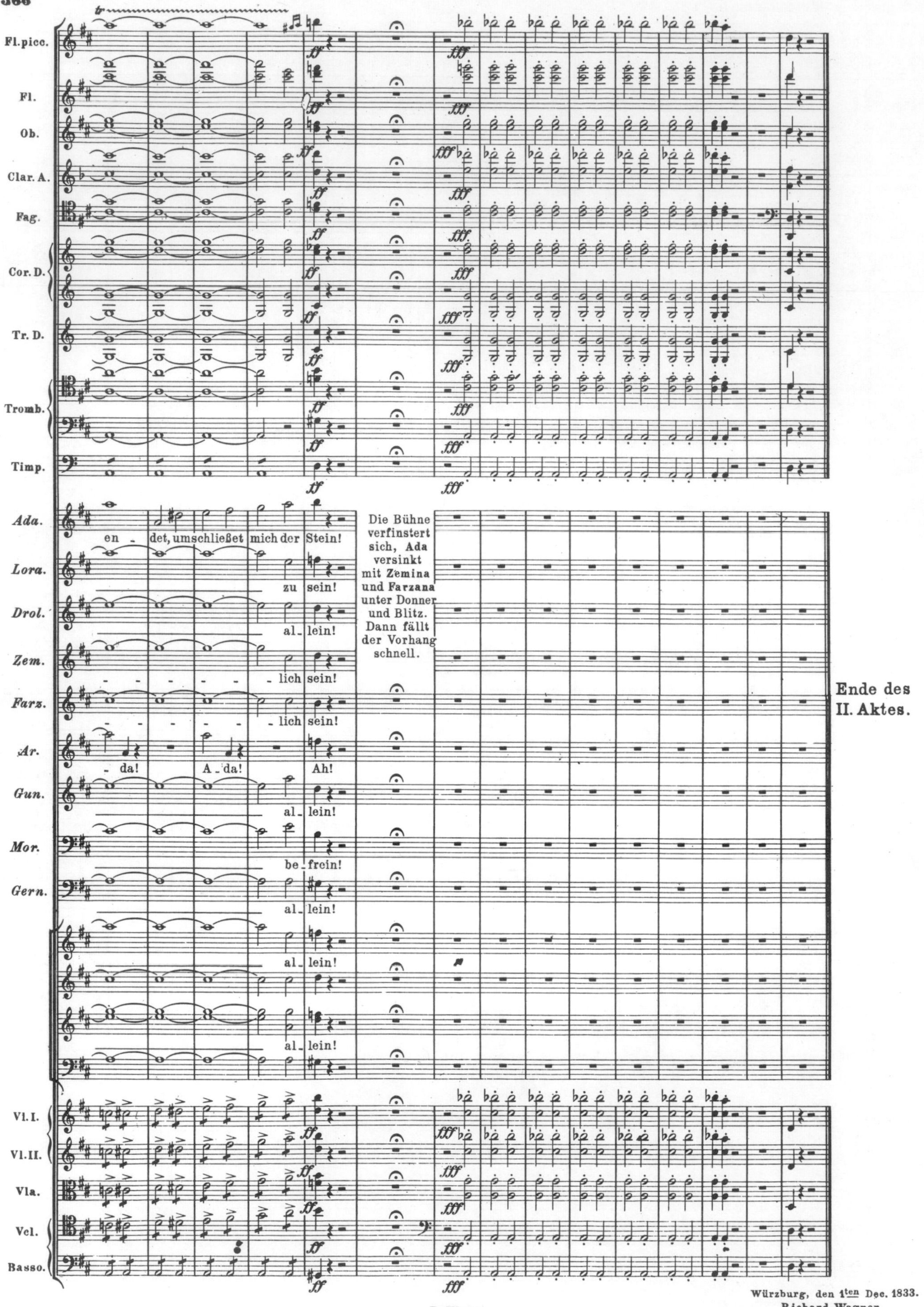

Würzburg, den 1ten Dec. 1833.
Richard Wagner.

III. AKT.

Introduction.

Festliche Halle. **Morald** und **Lora** auf dem Thron. **Drolla**, **Gernot** und **Gunther** neben ihnen.
Chor von Männern und Jungfrauen, festlich geschmückt.

Siegesreigen.

Fl.
Ob.
Clar. A.
Fag.
A.
Cor.
E.
Tr. A.
Timp.
Vl. I.
Vl. II.
Vla.
Vcl. e Basso.
dim.
p
f
tr
Fl.
Ob.
Clar. A.
Fag.
A.
Cor.
E.
Tr. A.
Timp.
Vl. I.
Vl. II.
Vla.
Vcl.
Basso.
p cresc.
ff

Fl.
Ob.
Clar. A.
Fag.
A.
Cor.
E.
Tr. A.
Timp.
Vl. I.
Vl. II.
Vla.
Vcl.
Basso.
ff
f
p
dim.
tr

Fl.
Ob.
Clar. A.
Fag.
A. Cor. E.
Tr. A.
Timp.
Der Vorhang geht auf.
Vl. I.
Vl. II.
Vla.
Vcl. e Basso.
Chor. Sopr.
Alto.
Ten.
Basso.
Heil sei dem hol - den Frieden, im sanf - ten Him - mels - glanz!
Heil, Heil, Heil sei dem hol - den Frieden, im sanf - ten Him - mels-
G Saite.
p dolce
fp dol.

Fl.
Ob.
Clar. A.
Fag.
A. Cor. E.
Tr. A.
Timp.
Heil sei dem hohen Siege, der uns den Frieden, den Frieden gab!
Heil sei dem hohen
glanz! Heil sei dem hohen Siege, der uns den Frieden, den Frieden gab!
Heil sei dem hohen
Vl. I.
Vl. II.
Vla.
Vcl. e Basso.
f
p
ff
Siege, der uns den Frieden gab, der uns den Frieden, den Frieden gab!
Siege, der uns den Frieden gab, der uns den Frieden, den Frieden gab!

Fl.
Ob.
Clar. A.
Fag.
A. Cor. E.
Tr. A.
Timp.
Tenore.
(zu Morald)
Der du zum Sie_ge uns ge_führt, sei uns als Kö_nig jetzt ge_grüßt!
Basso.
(zu Morald)
Vl. I.
Vl. II.
Vla.
Vcl.
Basso.
Sopr.
(zu Lora)
Die du im Lei_den un_ser Trost, sei jetzt als Kö_ni_gin ge_grüßt!
Alto.
(zu Lora)
cresc.

Fl.
Ob.
Clar. A.
Fag.
A. Cor. E.
Tr. A.
Timp.
Heil!
Heil!
Heil!
Heil,
sie - ges reicher
Vl. I.
Vl. II.
Vla.
Vcl.
Basso.
Morald dir!
Heil!
Heil!
Tu - gendreiche
Lo - ra dir!
Heil!
Heil!
cresc.

Fl.
Ob.
Clar. A.
Fag.
A.
Cor.
E.
Tr. A.
Timp.
Heil!
Heil sei Mo - rald dir!
Heil sei Lo - ra
Vl. I.
Vl. II.
Vla.
Vcl.
Basso.
dim.
dir! Heil! Heil! Heil sei sie - ges-rei-cher Mo-rald dir! Heil! Heil! Heil sei
Vcl. e Basso.

Fl.
Ob.
Clar. A.
Fag.
A.
Cor.
E.
Tr. A.
Timp.
tu_gend_rei_che Lo_ra dir! Heil! Heil! Heil sei euch!
tu_gend_rei_che Lo_ra dir! Heil! Heil! Heil sei euch!
Vl. I.
Vl. II.
Vla.
Vcl. e Basso.
attaca
Moderato.
(Steigt vom Throne herab.)
Recit.
a tempo
Recit.
colla parte
Mor.
Genug, o en_det dieser Fe_ste Ju_bel!
Vor Freude nicht, vor Weh_mut bebt mein
Vl. I.
Vl. II.
Vla.
Vcl. e Basso.
a tempo
Recit.
Mor.
Herz!
Noch gilt eu'r fro_her Königsgruß nicht mir!
Denn der mir sei_ne Wür_de ü_bertrug,
ist dem un_
Vl. I.
Vl. II.
Vla.
Vcl. e Basso.

a tempo
Recit.
a tempo
Fl.
Ob.
Clar. A.
Fag.
Cor. E.
Mor.
se_ligsten Geshick ver_fal_len. Des Wahnsinns grause Nacht um_hül_let ihn, und
Vl. I.
Vl. II.
Vla.
Vcl. e Basso.
Recit.
a tempo
Recit.
hält die leiden_volle Seel' um_fangen. Wenn auch sein Wil_le mich zum König machte, so ehrt doch nur so lange mich als
Lento.
Tempo I.
Recit.
Lora.
Herrscher, als A_rin_dal dem düstren Wahn er_liegt!
Ach Bruder! Welch' be_kla_genswert Ge_
p espress.
Vcl.
Basso.

a tempo
Recit.
a tempo
Fl.
p espress.
Ob.
Clar. A.
Fag.
3.4.
Cor. E.
Lora.
schick!
Jetzt da die Freude jeden Busen schwellt, muß ich dein fürchter_liches Los be_weinen!
Vl. I.
Vl. II.
Vla.
Vcl.
Basso.
in B.
in F.
in A.
in F.
in F. C.
p espress.
Tr. A.
Timp.
Chor.
S.
A.
T.
B.
Wir ehren eu_ren Schmerz! Die Freu_de halte ein!
pizz.
arco

Adagio.
Lora.
All - mäch - ti - ger, in deine Himmel send'ich mein brün - stig Fleh'n hin - auf! Laß wei - - chen aus des
Drol.
All - mäch - ti - ger, in deine Himmel send'ich mein brün - stig Fleh'n hin - auf! Laß wei - - chen aus des
Gun.
All - mäch - ti - ger, in deine Himmel send'ich mein brün - stig Fleh'n hin - auf! Laß wei - - chen aus des
Mor.
All - mäch - ti - ger, in deine Himmel send'ich mein brün - stig Fleh'n hin - auf! Laß wei - - chen aus des
Gern.
All - mäch - ti - ger, in deine Himmel send'ich mein brün - stig Fleh'n hin - auf! Laß wei - - chen aus des
All - mäch - ti - ger! Laß weichen aus des Kö - - - nigs
Laß weichen aus des Kö - nigs
All - mäch - ti - ger! Laß weichen aus des Kö - nigs
Vl. I.
Vl. II.
Vla.
Vcl.
Basso.
Lora.
Bru - ders Sinnen des Wahnes schreckenvol - le Macht; laß weichen aus des Bru - ders Sin - nen
Drol.
Kö - nigs Sinnen des Wahnes schreckenvol - le Macht; laß weichen aus des Kö - nigs Sin - nen
Gun.
Kö - nigs Sinnen des Wahnes schreckenvol - le Macht; laß weichen aus des Kö - nigs Sin - nen
Mor.
Kö - nigs Sinnen des Wahnes schreckenvol - le Macht; laß weichen aus des Kö - nigs Sin - nen
Gern.
Kö - nigs Sinnen des Wahnes schreckenvol - le Macht; laß weichen aus des Kö - nigs Sin - nen
Sinnen, des Wahnes schreckenvol - le Macht, des
Sinnen,
Sinnen, des Wahnes schreckenvol - le Macht, des

Lora.
des Wah - nes schrek - ken vol - le Macht, des Wah - - - nes Macht! Ein Strahl aus dei - nem
Drol.
des Wah - nes schrek - ken vol - le Macht, des Wah - - - nes Macht! Ein
Gun.
des Wahnes schreckenvol - le Macht, des Wah - - - nes Macht!
Mor.
des Wah - nes schrek - ken - volle Macht, des Wah - - - nes Macht!
Gern.
des Wahnes schreckenvol - le Macht, des Wah - - - nes Macht!
Wahnes schreckenvolle Macht, des Wahnes schrek - ken - volle Macht! Ein Strahl aus
Wahnes schreckenvolle Macht, des Wahnes schreckenvol - - le Macht! Ein Strahl aus
des Wah - - nes schreckenvolle Macht! Ein Strahl aus -
ff
più
p
pp
Lora.
Glanz, ein Strahl aus dei - nem Glanz, ein Strahl aus deinem Glanz, ein Strahl aus dei - nem
Drol.
Strahl aus deinem Glanz, ein Strahl aus deinem Glanz, deinem Glanz, ein Strahl aus dei - nem
Gun.
Ein Strahl aus dei - nem Glanz, ein Strahl aus dei - nem Glanz, ein Strahl aus dei - nem
Mor.
Ein Strahl aus deinem Glanz, aus dei - nem Glanz, ein Strahl aus dei - nem
Gern.
Ein Strahl aus dei - nem Glanz, ein Strahl aus dei - nem
dei - nem Glanz, aus dei - nem Glanz, ein Strahl aus deinem Glanz, aus deinem
dei - nem Glanz, aus dei - nem Glanz, ein Strahl aus deinem Glanz, aus deinem
dei - nem Glanz, aus dei - nem Glanz, ein Strahl aus deinem Glanz, ein Strahl aus deinem

Lora.
Drol.
Gun.
Mor.
Gern.
Glanz, erleuch_te sei_ner See_le Nacht,
seiner
Glanz, erleuch_te sei_ner See_le Nacht, erleuch_te sei_ner See_le Nacht,
seiner
Glanz, erleuch_te sei_ner See_le Nacht, erleuch_te sei_ner See_le Nacht,
seiner
Glanz, erleuch_te sei_ner See_le Nacht, erleuch_te sei_ner See_le Nacht,
seiner See_
Glanz, erleuch_te sei_ner See_le Nacht,
seiner
Glanz, erleuch_te sei_ne Nacht,
seiner See_le Nacht,
Glanz, erleuch_te sei_ne Nacht,
seiner See_le Nacht,
Glanz, erleuch_te sei_ne Nacht,
seiner See_le Nacht,
dim.
p
pp
Fl.
Ob.
Clar. B.
Fag.
Cor. F.
1.
1. 2.
p dolce
See_le Nacht!
(Alle ab.)
seine Nacht!
Vl. I.
Vl. II.
Vla.
Vcl. e Basso.

Scene und Arie.

Arindal im Wahnsinn.

Allegro feroce.

L'istesso tempo.
Fl.
Ob.
Clar. B.
Fag.
F. Cor. A.
Tr. F.
Timp.
(Hinter der Bühne.)
Ar.
Hallo! Hal-lo! Hallo! Laßt alle Hunde los! Dort, dort! Die Hirschin! Seht! Her-bei!
(Ar. tritt auf)
Ihr Jäger herbei.
Vl. I.
Vl. II.
Vla.
Vcl. e Basso.
Du, Waidmann wandre vor-an! Juchhe, es schmettert das Horn! O

Fl.
Ob.
Clar. B.
Fag.
F.
Cor.
A.
Tr. F.
Timp.
Ar.
seht, schon mü - de wird das Tier! Packt an, packt an!
Ich sende den Pfeil!
Vl. I.
Vl. II.
Vla.
Vcl.
Basso.
a 2
Seht wie er fliegt!
Ich ziele gut! Haha! Das traf in's Herz!

tranquillo
Clar. B.
Fag.
Cor. F.
1.2.
p sempre
Ar.
O seht, das Tier kann wei - nen!
Vl. I.
Vl. II.
Vla.
Vcl.
Basso.
p
a 2
F.
Cor.
A.
Die Trä - ne glänzt in seinem
div.
rit.
Cor. A.
ad lib.
Aug'! O wie's ge - brochen nach mir schaut! Wie schön sie ist!
pp

a tempo
a tempo
Fl.
Ob.
Clar. B.
Fag.
F. Cor. A.
Tr. F.
Timp.
Ar.
(sinkt zusammen)
Entset - zen, ha, es ist kein Tier, seht her! Seht her! Es ist mein Weib!
Vl. I.
Vl. II.
Vla.
Vcl. e Basso.
Fl.
Ob.
Fag.
Cor. F.
Timp.
Vl. I.
Vl. II.
Vla.
Vcl. e Basso.

rit.
a tempo
rit.
Fl.
Ob.
Fag.
Vl. I.
Vl. II.
Vla.
Vcl.
Basso.
Adagio, ma non troppo.
Clar. A.
p dolce
pp
p
E. Cor. A.
Ar.
Ich seh' den Him - mel dort sich öff - nen, die lich - ten
pp sempre
pizz.

Fl.
Ob.
Clar. A.
Fag.
E. Cor. A.
Ar.
Vl. I.
Vl. II.
Vla.
Vcl.
p dolce
To - re springen auf! O welcher Duft, o welcher Glanz!
Tr. F.
Timp.
cresc.
a 2
pp
Bin ich ein Gott, dies zu empfin - den! Beschwingt hebt sich mein Geist em - por!

Fl.
Ob.
Clar. A.
Fag.
E. Cor. A.
Tr. F.
Timp.
Ar.
Vl. I.
Vl. II.
Vla.
Vcl.
Basso.
p
dim.
pp
p dim.
espress.
in F.
cresc.
p cresc.
arco
Ha, wie der Staub nach unten sinkt!
Es reicht sich ei - ne Hand mir dar; voll -
Lie - be - führt - sie mich hin - auf; ich at - me mil - de

Allegro.
Fl.
Ob.
Clar. A.
Fag.
Cor. E.
Tr. F.
Ar.
Göt - - ter luft!
Vl. I.
Vl. II.
Vla.
Vcl.
Basso.
Recit.
a tempo
Recit.
col. part.
Timp.
Was soll's? was soll's?
Noch bin ich Mensch! Du seist verflucht!
Haha! So ist's vollbracht!
Jetzt.
Vcl. e Basso.

Meno Allegro.
Ob.
Fag.
Ar.
(Fühlt sich ermatten.)
bin ich wieder Staub! Leg' dich zur Ru - he Staub, die Er - de birgt dich
Vl. I.
Vl. II.
Vla
Vcl. e Basso.
più p
Poco Larghetto.
Cor. F.
(Er ist allmählich an die Stufen des Thrones hingesunken.)
gern.
Vla.
Vcl.
Basso.
Clar. B.
E. Cor. F.
Ha, wie es um mich
pizz.
pp sempre

Fl.
Clar. B.
Fag.
Cor. F.
Ar.
dämmert; es ist die mil - de Nacht; o schaurig sü - ße Lust, befängst du meine Seele? Ich lag in deinem Ar - me, so
Vl. I.
Vl. II.
Vla.
Vcl.
Basso.
E. Cor. F.
sanft war meine Ru - he; ich kann dich nicht umfan - gen du bist so fern, so fern! Und dennoch nahst du mir,
con Sordini
cresc.
Vcl. 1.
(Er entschlummert.)
ja ja, ich sehe dich! Warum den tiefen Schmerz im trä - nenvol - len Blick?

Scene.

Wie aus weiter Entfernung vernimmt man **Ada's** Stimme; dann aus einer näheren die **Groma's**.

Largo. Hinter der Bühne.

Fl. — Clar. A. — *Ada.* — Vl. I. — Vl. II. — Vla. — Vcl.

pp Hinter der Bühne. *pp* — *pp sempre* — *p sotto voce* — *pp*

Mein Gat_te A_rin_dal, was hast du mir ge_tan! Es schließt ein kalter

Fl. — Clar. A. — *Ada.* — Basso.

pp — *pp* — *p*

Stein, die hei_ße Liebe ein. Die Trä_ne nur er_weicht der rauhen Hül_le Zwang; durch al_le Schran_ken

Fl. — Clar. A. — *Ada.* — Basso.

cresc. — *cresc.* — *pp più p* — *pp più p* — (verhallend)

dringt die Liebe noch zu dir, und hö_rest du die Kla_ge, so ei_le her zu mir!

L'istesso tempo.
(Von einer anderen Seite hinter der Bühne.)
Tromb.
p sempre
(Von einer anderen Seite hinter der Bühne vernimmt man des Zauberers Groma Stimme.)
Groma.
Auf, A-rindal, was zauderst du? Verga-ßest du bei al-len
Basso.
Gro.
Lei-den, des Kö-nigstammes al-ten Freund? Noch kannst du A-da, und mit ihr, bewährst du dich
Zu Arindals Füßen erscheinen ein Schild, ein Schwert und eine Leier.
weit mehr er-rei-chen! Sieh, je-ner Schild, und je-nes Schwert kann dich dem
Sieg, doch je-ne Lei-er noch größrem Glück ent-ge-gen-füh-ren! Bist du von
verhallend
Mut und Lieb' er-füllt, so wirst das Höch-ste du er-rei-chen!
dim.
ppp

Recitativ.

Farzana und Zemina kommen.

Allegro.
Zemina.
Farzana.
Violino I.
Violino II.
Viola.
Violoncello e Basso.
Farz.
So wä_re uns're A_da denn ge_ret_tet, und der Unsterblichkeit zu_rück ge_ge_ben!
Vl.I.
Vl.II.
Vla.
Vcl. e Basso.
Moderato.
Wohlan vollen_den wir das letz_te Werk, da_mit kein Rückschritt je zu den_ken sei:– den Sterb_li_chen dem
sichren Tod zu weih'n!
Zem.
Fürwahr, mich jammert A_rindal's Ge_schick; schon büßt er durch des Wahnsinns Schrecken den Meineid

Allegro.
Zem.
Farz.
Vl.I.
Vl.II.
Vla.
Vcl.e Basso.
schwer.
O, nicht der Mein_eid blos, sei_ne Ver_mes_senheit weiht ihn dem Tod!
Moderato.
Soll un_ge_straft ein kühner Sterblicher des Fe_en_rei_ches Stolz uns rauben wollen?
Wir führen auf den Weg zu A_da ihn, sie zu be_frein, sei er von uns er_mun_tert.
Was willst du tun? Ihn auf den Weg ge_lei_ten, auf dem er wirklich sie er_lö_sen kann?
Was fürchtest, Tö_rin,

Farz.
Du? Da er als Mensch zu sie-gen nicht ver-mocht, wie sollt' er da be-wäh-ren sich, wo Fe-en-kraft nur
Vl.I.
Vl.II.
Vla.
Vcl. e Basso.
Allegro.
Farz.
siegt? Im Kampfe wird er si-cher un-ter-lie-gen!
Vl.I.
Vl.II.
Vla.
Vcl. e Basso.
Terzett.
Allegro non tanto.
a 2
Flauti.
Oboi.
Clarinetti in C.
Fagotti.
Corni in C.
Trombe in C.
Tromboni.
Timpani in C. G.
Zemina.
Farzana.
Arindal.
Violino I.
Violino II.
Viola.
Violoncello e Basso.

Fl.
Ob.
Clar. B.
Fag.
Cor. C.
Tr. C.
Timp.
Zem. Auf! Auf! Auf! Er-wa-che A-rin-dal!
Farz. Auf! Auf! Auf! Er-wa-che A-rin-dal!
Vl. I.
Vl. II.
Vla.
Vcl. e Basso.

Ar. (Im Erwachen.) Wer ruft mich?
Vl. I.
Vl. II.
Vla. *p*
Vcl. *p espress.* *p*
Basso.

meno

Fl. 1. *p dolce*
Clar. B. 1. *p dolce*
Ar. Ha! wo-hin, wo-hin hat mich ein wil- - - - der Wahn ge-
Vl. I.
Vl. II. *p*
Vla. *p*
Vcl.
Basso.

Fl.
Ob.
Clar. B.
Fag.
Cor. C.
Tromb.
Ar.
Vl. I.
Vl. II.
Vla.
Vcl. e Basso.
tragen? Ich hörte meine Gattin rufen. O Gott wie ist die düst're Nacht, durch ihren
cresc.
tempo
a 2
Tr. C.
Timp.
Zem.
Farz.
Vcl.
Basso.
Nun, A-rin-dal, erkennst du uns?
Ruf zum Ta - ge mir er-hellt!
Euch seh' ich

Fl.
Ob.
Clar. B.
Fag.
Cor. C.
Tr. C.
Timp.
Zem.
Farz.
Ar.
wie - der, teu - re Feen, die ihr um meine Gat - tin wart. Ach, meine Gat - tin, meine Gat - tin, wo ist sie?
Vl. I.
Vl. II.
Vla.
Vcl. e Basso.
tempo
Ob.
Clar. B.
Fag.
Zem.
Hast du den Mut, sie zu be - frein?
Farz.
Hast du den Mut, sie zu be - frein?
Ar.
Was hö - re ich, sie zu be - frein, durch meinen
Vl. I.
Vl. II.
Vla.
Vcl.
Basso.

Ob.
Clar. B.
Fag.
Cor. C.
Tr. C.
Timp.
Zem.
Farz.
Ar.
Vl.I.
Vl.II.
Vla.
Vcl.
Basso.
a 2
poco f
Was prah - lest du von deinem Mu - te, ist sie nicht dei - ner Feigheit Opfer?
Mut könnte es ge - lin - gen?
O,
Fl.
Ob.
Fag.
Zem.
Farz.
Ar.
Vl.I.
Vl.II.
Vla.
Vcl.
Basso.
Im kal - ten Steine ein ge - schlos - sen, ver -
wen - de deinen Hohn von mir, sagt mir ist sie noch zu be - frein?

Fl.
Ob.
Clar. B.
Fag.
Cor. C.
Tr. C.
Timp.
Zem.
zwei-felt sie an ih-rer Ret-tung.
Farz.
Ar.
Ihr fol-tert mich! Ich habe Mut! Wer lei-tet mich zu
Vl. I.
Vl. II.
Vla.
Vcl.
Basso.
p cresc.
f p
piu f
Nun denn! Wir führen dich zu ihr!
Nun denn! Wir führen dich zu ihr!
(Er ergreift Schild, Schwert und Leier.)
ihr da-hin! O Gott, wie faß' ich es, zu ihr! Ah
Vcl. e Basso.

Allegro di molto, con gran fuoco.
Fl.
Ob.
Clar. B.
Fag.
Cor. C.
Tr. C.
Timp.
Zem.
Farz.
Ar.
Vl. I.
Vl. II.
Vla.
Vcl. e Basso.
a 2
cresc.
p cresc.
Ha, diese rasche Freuden_glut wird ihn dem sich_ren To_de weihn;
sie, die Gat_tin zu be_frein, wie füllt es mich mit Freudenglut! O lei_tet
wir lei_ten gern ihn hin zu ihr, denn uns er_freut sein Un_ter_gang, sein Un_ter_
wir lei_ten gern ihn hin zu ihr, denn uns er_freut sein Un_ter_
mich da_hin zu ihr, ihr opfr' ich all' mein hei_ßes Blut, ihr opfr' ich all' mein hei_ßes

Fl.
Ob.
Clar. B.
Fag.
Cor. C.
Zem.
gang, wir lei - ten gern ihn hin zu ihr, denn uns er -
Farz.
gang, wir lei - ten gern ihn hin zu ihr, denn uns er -
Ar.
Blut, o lei-tet mich da-hin zu ihr, ihr opfr' ich all' mein hei-ßes Blut, ihr opfr' ich all' mein hei-ßes
Vl. I.
Vl. II.
Vla.
Vcl. e Basso.
Fl.
Ob.
Clar. B.
Fag.
Cor. C.
Tr. C.
Timp.
Zem.
freut sein Un - ter - gang, uns er-freut sein Un-ter-gang, denn uns er-freut sein Un - ter-gang, denn
Farz.
freut sein Un - ter - gang, uns er-freut sein Un-ter-gang, denn uns er-freut sein Un - ter-gang, denn
Ar.
Blut, mein hei-ßes Blut, mein hei-ßes Blut, ihr opfr' ich all' mein hei - ßes Blut, ihr opfr'ich
Vl. I.
Vl. II.
Vla.
Vcl. e Basso.

Fl.
Ob.
Clar. B
Fag.
Cor. C.
Tr. C.
Timp.
Zem.
uns er - freut sein Un - ter - gang, uns er - freut sein Un - ter - gang, denn uns er - freut sein Un - ter -
Farz.
uns er - freut sein Un - ter - gang, uns er - freut sein Un - ter - gang, denn uns er - freut sein Un - ter -
Ar.
all' mein hei - - - ßes Blut, ihr opfr' ich mein hei - - - ßes, mein hei - ßes
Vl. I.
Vl. II.
Vla.
Vcl. e Basso.
Fl.
Ob.
Clar. B.
Fag.
Cor. C.
Tr. C.
Timp.
Zem.
gang!
Farz.
gang! Nur Mut, o A - rin - dal, nur Mut!
Ar.
Blut! Ich ha - be Mut zu je - dem Kampf, denn A - da's Ret - tung
Vl. I.
Vl. II.
Vla.
Vcl.
Basso.

Fl.
Ob.
Clar. B.
Fag.
Cor. C.
Tr. C.
Timp.
Zem. Nur Mut, o A-rin-dal, nur Mut!
Farz.
Ar. ist das Ziel! Ich ha-be Mut zu je-dem Kampf, denn
Vl. I.
Vl. II.
Vla.
Vcl.
Basso.

Fl.
Ob.
Clar. B.
Fag.
Cor. C.
Tr. C.
Timp.
Zem.
Farz. Zu ihr, o
Ar. A-da's Ret-tung ist das Ziel, denn A-da's Ret-tung ist das Ziel!
Vl. I.
Vl. II.
Vla.
Vcl. e Basso.

Fl.
Ob.
Clar. B.
Fag.
Cor. C.
Tr. C.
Timp.
Zem.
Farz.
A_rindal, zu ihr!
Ar.
Ha, je_de Ner_ve strebt zu ihr,
beflü_gelt ist mein Fuß zur
Vl.I.
Vl.II.
Vla.
Vcl. e Basso.
Fl.
Ob.
Clar. B.
Fag.
Cor. C.
Tr. C.
Timp.
Zem.
Wir füh_ren dich zu ihr da_hin! Du fol_ge
Farz.
zu ihr o A_rindal, zu ihr!
Wir füh_ren dich zu ihr da_hin! Du fol_ge
Ar.
Eil'!
Ha, jede Ner_ve strebt zu ihr!
Vl.I.
Vl.II.
Vla.
Vcl.e Basso.

Fl.
Ob.
Clar. B.
Fag.
Cor. C.
Tr. C.
Timp.
Zem.
uns, und fas_se Mut! Ha, diese rasche Freuden_glut wird ihn dem sich _ ren
Farz.
uns, und fas_se Mut! Ha, diese rasche Freuden_glut wird ihn dem sich _ ren
Ar.
Ach, sie, die Gattin zu be_frein, wie füllt es mich mit Freudenglut!
Vl. I.
Vl. II.
Vla.
Vcl. e Basso.
a 2
più f
Zem.
To_de weihn! Wir lei_ten gern ihn hin zu ihr, denn uns er_freut sein Un_ter_
Farz.
To_de weihn! Wir lei_ten gern ihn hin zu ihr, denn uns er_freut sein
Ar.
O lei _ tet mich da_hin zu ihr, ihr opfr' ich all' mein hei _ ßes Blut, ihr opfr' ich

Fl.
Ob.
Clar. B.
Fag.
Cor. C.
Tr. C.
Timp.
Zem.
gang, sein Un - ter - gang! Wir lei - ten gern ihn hin zu ihr, denn uns er -
Farz.
Un - ter - gang! Wir lei - ten gern ihn hin zu ihr, denn uns er -
Ar.
all' mein hei - ßes Blut! O leitet mich da - hin zu ihr, ihr opfr' ich all' mein hei - ßes Blut, ihr opfr' ich all' mein hei - ßes
Vl. I.
Vl. II.
Vla.
Vcl. e Basso.
Fl.
Ob.
Clar. B.
Fag.
Cor. C.
Tr. C.
Timp.
Zem.
freut sein Un - ter - gang, denn uns er - freut sein Un - ter - gang.
Farz.
freut sein Un - ter - gang, denn uns er - freut sein Un - ter - gang.
Ar.
Blut, ihr opfr' ich all' mein hei - ßes Blut, mein hei - ßes Blut. O
a 2
Vl. I.
Vl. II.
Vla.
Vcl.
Basso.

Fl.
Ob.
Clar. B.
Fag.
Cor. C.
Tr. C.
Timp.
Zem.
Wir lei_ten gern ihn hin zu ihr, denn uns er_freut sein Un_ter_gang, denn uns_
Farz.
Wir lei_ten gern ihn hin zu ihr, denn uns er_freut sein Un_ter_gang, denn uns_
Ar.
lei_tet mich da_hin zu ihr, ihr opfr' ich all' mein hei_ßes Blut, ihr opfr'_
Vl.I.
Vl II.
Vla.
Vcl.
Basso.
Zem.
_ er_freut sein Un_ter_gang, denn uns erfreut sein Un_ter_gang,_ sein
Farz.
_ er_freut sein Un_ter_gang, denn uns erfreut sein Un_ter_gang,_ sein
Ar.
_ ich all' mein hei_ßes Blut, ihr opfr' ich all' mein hei_ßes Blut,_ mein

Fl.
Ob.
Clar. B.
Fag.
Cor. C.
Tr. C.
Timp.
Zem.
Farz.
Ar.
Vl. I.
Vl. II.
Vla.
Vcl.
Basso.
ff sempre
(Sie versinken.)
Un - - - ter_gang, denn uns er - freut sein Un_ter_gang!
Un - - - ter_gang, denn uns er - freut sein Un_ter_gang!
hei - - - ßes Blut, ihr opfr' ich all' mein hei_ßes Blut!
cresc.
a 2
Verwandlung.

Finale.

Furchtbare Kluft des unterirdischen Reiches.

Erdgeister mit scheußlichen Larven durchwogen geschäftig den Ort.

Presto.

Fl.
Ob.
Clar. A.
Fag.
C.
Cor.
E.
Tr. E.
Tromb.
Timp.
Ten.
Chor der Erdgeister.
Basso.
Ihr Gei - ster auf, be - wa - chet treu
Vl. I.
Vl. II.
Vla.
Vcl.
Basso.
p molto staccato
fp molto staccato
a 2
f sempre
die dun - kle Schrek - kenspfor - te, die die - se Kluft um - schließt! Dem Un - geweihten

Fl.
Ob.
Clar. A.
Fag.
C. Cor. E.
Tr. E.
Tromb.
wehrt den Weg! Dem Un-geweih-ten wehrt den Weg! Dem
Vl. I.
Vl. II.
Vla.
Vcl. e Basso.
a 2
ff sempre
Timp.
Un-geweihten wehrt den Weg! Er führt zum höch-sten Hei-lig-tum, zum

Fl.
Ob.
Clar. A.
Fag.
C.
Cor.
E.
Tr. E.
Tromb.
Timp.
höch - sten Hei - lig - tum!
Ihr Gei - ster auf!
Vl. I.
Vl. II.
Vla.
Vcl.
Basso.
Bewa - chet treu!
Ihr Gei - ster auf!
Bewa - chet treu!
dim.

Allegro, Recit.
a tempo
Ob.
Clar. A.
Fag.
Cor. E.
Tromb.
(Arindal, Zemina und Farzana kommen.)
Farzana.
Ein Sterb - li - cher be -
Arindal.
Wo führt ihr hin? Hier schmachtet meine Gattin?
Wer naht sich dort?
Vl. I.
Vl. II.
Vla.
Vcl.
Basso.
Ob.
Clar. A.
Fag.
C.
Cor.
E.
Tromb.
Zemina.
Nun A - rin -
Farz.
gehrt von euch den Ein - tritt!
We - he ihm!
We - he ihm!
Vl. I.
Vl. II.
Vla.
Vcl.
Basso.

Fl.
Ob.
Clar. A.
Fag.
C.
Cor.
E.
Tr. E.
Timp.
Zem.
dal!
Bekämpfe
Je_ne!
Farz.
Klein_mü _ ti_ger, dir bangt?
Ar.
O diese schreckenvol_le Ü _ berzahl!
Die
Vl. I.
Vl. II.
Vla.
Vcl. e Basso.
ff sempre
a 2
Tromb.
(Arindal beginnt den Kampf mit den Erdgeistern und ist bald im Begriff zu weichen.)
Lie - - - - - - - be siegt!

Fl.
Ob.
Clar. A.
Fag.
C.
Cor.
E.
Tr. E.
Tromb.
Timp.
Ar.
Groma's Stimme.
Weh mir, ich unter - lie - ge schon!
Den Schild!
Vl. I.
Vl. II.
Vla.
Vcl.
Basso.
cresc.
a 2
Zem.
Farz.
Entsetzlich, ha, er hat ge - siegt!
(Arindal hält den Schild vor, die Geister verschwinden.)
O wel - ches Glück, sie sind be - siegt!
f sempre

Fl.
Ob.
Clar. A.
Fag.
C.
Cor.
E.
Tr. E.
Tromb.
Timp.
Zem.
Durch fremde Macht bezwang er sie, doch siegen soll sie nim - mer - mehr, doch sie - gen
Farz.
Durch fremde Macht bezwang er sie, doch sie - gen soll sie nim - mer - mehr, doch sie - gen
Ar.
O wel_ches Glück, der Sieg ist mein, Dank sei Groma deiner ho - hen Macht, Dank sei
Vl. I.
Vl. II.
Vla.
Vcl.
Basso.
a 2
mf
f
Fl.
Ob.
Clar. A.
Fag.
C.
Cor.
E.
Tr. E.
Tromb.
Timp.
Zem.
soll sie nim - mer - mehr! Doch sie - gen soll
Farz.
soll sie nim - mer - mehr! Doch sie - gen soll
Ar.
Groma deiner ho - hen Macht! O wel_ches Glück, der Sieg ist mein, Dank Groma dei_
Vl. I.
Vl. II.
Vla.
Vcl.
Basso.
ff
f

Fl.
Ob.
Clar. A.
Fag.
C. Cor. E.
Tr. E.
Tromb.
Timp.
(Auf einen Wink der beiden Feen folgt ihnen Arindal.)
Zem.
siё nim_mermehr!
Doch siegen soll
sie nimmermehr!
Farz.
sie nim_mermehr!
Doch siegen soll
sie nimmermehr!
Ar.
_ner ho_hen Macht, dei_ner ho _ hen Macht, dei_ner ho _ hen Macht!
Vl. I.
Vl. II.
Vla.
Vcl. e Basso.
in E
a 2
Unsichtbarer Chor von Groma's Geistern.
Sopr.
schrei _ test du vor-
Alto.
Heil A_rin_dal, und fas _ se Mut zum Sie_ge schreitest du vor_ an, zum Sie_ge schreitest du vor _
trem.
pp sempre
Vcl.
Basso.

L'istesso tempo.
Ob.
Clar. A.
Fag.
Cor. E.
Tr. E.
Tromb.
Timp.
a 2
f sempre
ff
p
an!
Die Bühne ist in einen andern Teil des unterirdischen Reiches verwandelt. Chor von ehernen Männern, fest aneinander gereiht.
Tenore.
Chor der ehernen Männer.
Basso.
Schließt fest euch an, und hal-tet stark, den Ein-gang wehren wir zum höchsten Hei-lig-
Vl. I.
Vl. II.
Vla.
Vcl. e Basso.
Zem.
Arindal, Zemina und Farzana treten auf.
Er trotzet eurer Kraft, und
tum! Schließt fest euch an, und hal-tet stark! Was will der Fremdling hier?
trem.

Fl.
Ob.
Clar. A.
Fag.
Cor. E.
Tr. E.
Tromb.
Timp.
Zem.
fordert euch zum Kampf!
Ar.
Mich schreckt nicht eures Er_zes Schirm, ver_nich_ten
We_he ihm! We_he ihm!
Vl. I.
Vl. II.
Vla.
Vel. e Basso.
soll euch mei_ne Macht!
(Er beginnt den Kampf indem er den Schild vorhält, und kommt bald zum weichen.)
Weh mir, den Schild verläßt die
ff sempre
a 2
a 3

Fl.
Ob.
Clar. A.
Fag.
Cor. E.
Tr. E.
Tromb.
Timp.
Zem.
Farz.
Ar.
Vl. I.
Vl. II.
Vla.
Vcl. e Basso.
Ha, we-he uns, der Sieg ist
Arindal kämpft mit dem Schwert,
die ehernen Männer verschwinden.
Kraft!
Zum zwei - ten - mal hab' ich ge-
Groma's Stimme.
Das Schwert!
sein!
Statt des Ver-mes-senen Ver-derben, bezwecken
siegt!
Nichts soll mich jet - zo noch ver-der-ben, der Sieg führt
Vcl.
Basso.

Fl.
Ob.
Clar. A.
Fag.
Cor. E.
Tr. E.
Tromb.
Timp.
Zem.
wir sein höchstes Glück, bezwek-ken wir sein höch-stes Glück, sein höch-stes
Farz.
wir sein höchstes Glück, bezwek-ken wir sein höch-stes Glück, sein höch-stes
Ar.
mich zum höchsten Glück, der Sieg führt mich zum höch-sten Glück, der Sieg führt mich zum höchsten
Vl. I.
Vl. II.
Vla.
Vcl.
Basso.
Zem.
Glück, sein höchstes Glück, sein höchstes Glück, sein höchstes
Farz.
Glück, sein höchstes Glück, sein höchstes Glück, sein höchstes
Ar.
Glück, der Sieg führt mich zum höchsten Glück, zum höch-sten Glück, zum höch-sten
Vcl. e Basso.

Fl.
Ob.
Clar. A.
Fag.
Cor. E.
Tr. E.
Tromb.
Timp.
Zem.
Farz.
Ar.
Glück!
Glück!
Glück!
Sopr.
Chor von Groma's unsichtbaren Geistern.
Alto.
Heil, A-rin-dal und fas-se Mut, zum Sie-ge schreitest du vor-an!
Vl. I.
Vl. II.
Vla.
Vcl.
Basso.
pp sempre
trem.
Recit.
Doch jetzt er-lah-me sei-ne Kraft!
Doch sagt!
Wo find' ich meine
f risoluto
Vcl. e Basso.

Larghetto.
Fl.
Clar. A.
Farz.
Ar.
Vl. I.
Vl. II.
Vla.
Vcl. e Basso.
Gattin?
Auf ihren Wink öffnet sich ein Felsen, in einer kleinen magisch erleuchteten Grotte erblickt man einen Stein von Menschengröße.
Wohl - an! Jetzt sollst du sie be - frein!
pp
f
Tempo I.
Recit.
Ob.
Fag.
Cor. E.
Tr. E.
Tromb.
Timp.
Zem.
Sieh, A - rin - dal, dort schmachtet deine Gattin!
All - mäch - ti - ger, wie trag' ich die - sen
ff
poco Andante.
Recit.
poco Andante
p espress.
Anblick!
Wie nenn' ich das Ge - fühl, das mich durchbebt?
Ist's
Vcl.
Basso.

Recit.
Allegro.
Ar.
Won - ne, die mir wird durch ih - re Nä - he?
Ist es Ent -
colla parte
Vl. I.
Vl. II.
Vla.
Vcl.
Basso.
set - zen, so sie zu er - blik - ken?
Ah, wel - che Weh - mut füllt mein ar - mes
a tempo Allegro
Fl.
Ob.
Clar. A.
Fag.
Cor. E.
Tr. E.
Timp.
Zem.
Was ziemt's zu kla - gen hier, sie zu be - frein, kamst du hier -
Herz! O A - da! Wie ver - rich - te ich den Fluch!
Vcl. e Basso.

Fl.
Ob.
Clar. A.
Fag.
Cor. E.
Tr. E.
Tromb.
Timp.
Zem.
her!
Farz.
Ent_zau_bre diesen Stein, und sie ist frei!
Ar.
O sagt, wie ich's voll_ende?
Weh mir! Kann Menschenkraft dies je voll_bringen?
Vl. I.
Vl. II.
Vla.
Vcl. e Basso.
Versuch's, doch wisse erst, was dich be_droht!
Du bist mit kühn ver_mess'ner Kraft ge_drungen bis hier_

Ob.
Clar. A.
Fag.
Farz.
her in der Fe_en Hei_lig_tum, und kannst du jetzt dein Werk nicht ganz voll_enden, so
Vl. I.
Vl. II.
Vla.
Vcl. e Basso.
Fl.
Cor. E.
Tr. E.
Tromb.
Timp.
büßest du das freveln_de Be_geh_ren mit e_wi_ger Ver_wan_de_lung in Stein!
Ar.
Ha, furcht_bar!
Vcl.
Basso.

Fl.
Ob.
Clar. A.
Fag.
Cor. E.
Tr. E.
Tromb.
Timp.
Zem.
Farz.
Ar.
Vl. I.
Vl. II.
Vla.
Vcl.
Basso.
Dies ist denn mein Los!
Ha, endlich unterliegt sein Mut,
Ha, endlich unterliegt sein Mut, sein Mut,
Weh mir, es un-ter-liegt mein Mut,
und sein Ver-langen ist ge-lähmt,
und sein Ver-langen ist ge-lähmt, ist ge-lähmt,
und mein Ver-lan-gen ist ge-lähmt,
voll-en-det er nicht jetzt sein
voll-en-den

Fl.
Ob.
a 2
Clar. A.
Fag.
Cor. E.
Tr. E.
Timp.
Zem.
Werk, so ist ein ew'ger Tod sein Los, so ist ein ew'ger Tod sein Los, so ist ein
Farz.
Werk, so ist ein ew'ger Tod sein Los, so ist ein ew'ger Tod sein Los, so ist ein
Ar.
kann ich nicht mein Werk, und lan - ge Qualen sind ihr Los, und lan - ge Qua -
Vl. I.
Vl. II.
Vla.
Vcl. e Basso.
Zem.
ew'ger Tod sein Los! Ha, endlich unterliegt sein Mut, und sein Verlangen ist ge - lähmt; vollendet
Farz.
ew'ger Tod sein Los! Ha, endlich unterliegt sein Mut, und sein Verlangen ist ge - lähmt; vollendet
Ar.
- len sind ihr Los! Weh' mir, es un - ter - lieg mein Mut, und mein Ver - lan - gen ist ge - lähmt; vollendet
Vcl.
Basso.

Fl.
Ob.
Clar. A.
Fag.
Cor. E.
Tr. E.
Timp.
Zem.
er nicht jetzt sein Werk, so ist ein ew' - ger Tod sein Los, so ist ein ew'ger Tod sein
Farz.
er nicht jetzt sein Werk, so ist ein ew' - ger Tod sein Los, so ist ein ew'ger Tod sein
Ar.
kann ich nicht mein Werk, und lan - ge Qua - len sind ihr Los, und lan - ge Qualen sind ihr
Vl. I.
Vl. II.
Vla.
Vcl. e Basso.
Ob.
Clar. A.
Fag.
Cor. E.
Tr. E.
Tromb.
Timp.
Zem.
Los!
Farz.
Los!
Ar.
Los!
O
Groma's Stimme.
Er - greif' die Lei - er!
Chor.
Sopr.
Alto
Mut A - rin - dal, und sei ge - trost, du kannst die Gat - tin noch be - frein!
Vl. I.
Vl. II.
Vla.
Vcl.
Basso.

Fl.
Ob.
Clar. A.
Fag.
Cor. E.
Tr. E.
Timp.
Ar.
Vl. I.
Vl. II.
Vla.
Vcl.
Basso.
ad lib.
ad lib.
a tempo
p dolce
Gott, was hö-re ich, ja, ich be-sit-ze Göt-ter-kraft! Ich ken-ne ja der holden
pizz.
Tö-ne Macht, der Gott-heit, die der Sterb-li-che be-sitzt! Du hei-ße Liebe, Sehn-sucht
colla parte
arco
Zem.
Farz.
a tempo
Weh, das ist Gro-ma's Werk!
Weh, das ist Gro-ma's Werk!
und Ver-lan-gen, ent-zau-bert denn in Tö-nen die-sen Stein!

Larghetto.

(Arindal die Leier spielend.)

Arpa.

Ar.

O ihr des Bu - sens Hoch - ge - füh - le, die hold in Lie - be sich um - fahn! und du Ver - lan - gen, hei - ßes Seh - nen, mit dei - nem won - ne - sü - ßen Schmerz! Euch ruf' ich auf, aus mei - nem Bu - sen, aus mei - ner See - le schwingt euch auf! Zu -

Vl. I.

Vl. II.

Vla.

Vcl. e Basso.

Arpa.
Ar.
Vl. I.
Vl. II.
Vla.
Vcl. e Basso.
p
pp
sammen flie - ße all' Emp_fin - - den, in hol - - - - - der Tö - - - - - - - ne Zau - ber-
macht, und fle - het an, den kal - ten Stein: Gib mei - ne Gat - - tin, mei_ne
Gat - tin mir zu_rück! Gib mei_ne Gat_tin, mei - - ne Gat - tin mir zu - rück, gib meine
colla voce
Gat - - tin, meine Gat - - - - tin, gib sie mir zu - rück; mei - ne Gat - tin, mei_ne

Ob.
Clar. A.
Fag.
Cor. E.
Arpa.
Ar.
Gat - - tin mir zu - rück, mei - ne Gat - - tin mir zu -
sempre cresc.
Vl. I.
Vl. II.
Vla.
Vcl.
Basso.
Fl.
Tr. E.
Tromb.
Timp.
Vcl. e Basso.
rück, mei - ne Gat - - tin mir zu - rück!
cresc.
più f

Maestoso.
a tempo
Fl.
Ob.
Clar. A.
Fag.
Cor. E.
Tr. E.
Tromb.
Timp.
Arpa.
Ada.
Der Stein hat sich allmählig in Ada verwandelt, diese sinkt entzückt in Arindal's Arme.
Jetzt kann mich kei - - - ne Macht dir rauben!
Farzana und Zemina wenden sich entsetzt ab: Die Scene verwandelt sich in einen herrlichen Feenpalast von Wolken umgeben.– Auf einem Thron der Feenkönig, um ihn der Chor der Feen und Geister.
trem.
p dolce
più p
Vl. I.
Vl. II.
Vla.
Vcl. e Basso.
Feenkönig.
Du Sterb_li_cher,

Fl.
Ob.
Clar. A.
Fag.
Cor. E.
Tr. E.
Tromb.
Timp.
Feenk.
drangst ein in unser Reich, und die un_end_liche Gewalt der Lie_be ver_lieh dir je_ne ho_he
Vl. I.
Vl. II.
Vla.
Vcl. e Basso.
Kraft, die nur Un_sterb_lichen zu ei_gen ist ver_lieh'n, so wis_se denn, durch dei_ne Schuld als

Fl.
Ob.
Clar. A.
Fag.
Cor. E.
Tr. E.
Tromb.
Timp.
Feenk.
Mensch bleibt A-da jetzt un-sterb-lich wie sie war; doch, der sie uns mit Göt-ter-kraft ent-
Vl. I.
Vl. II.
Vla.
Vcl. e Basso.
wun-den, ist mehr als Mensch,- un-sterb - - - - lich

Allegro con brio.

Fl. — *ff* sempre

Ob. — *ff* sempre

Clar. A. — *ff* sempre

Fag. — *ff* sempre

Cor. E. — *ff* sempre — *ff* sempre

Tr. E. — a 2 — *ff* sempre

Tromb. — *ff* sempre — *ff* sempre

Timp. — *ff* sempre

Feenk. — sei, wie sie!

Chor.

Sopr. *ff* — Ge- grüßt sei, A-rin-dal, im ho-hen Fe-en-rei-che, dir ist Un-sterb-lichkeit nach dei-ner Kraft ver-

Alto. *ff*

Ten. *ff* — Ge- grüßt sei, A-rin-dal, im ho-hen Fe-en-rei-che, dir ist Un-sterb-lichkeit nach dei-ner Kraft ver-

Basso. *ff*

Vl. I. — *ff* sempre, molto staccato

Vl. II. — *ff* sempre, molto staccato

Vla. — *ff* sempre, molto staccato

Vcl. — *f* — *ff* sempre, molto staccato

Basso. — *f* — *ff* sempre, molto staccato

Allegro con brio.

Fl.
Ob.
Clar. A.
Fag.
Cor. E.
Tr. E.
Tromb.
Timp.
lieh'n, dir ist Unsterblichkeit nach deiner Kraft verlieh'n! Gegrüßt, gegrüßt, gegrüßt,
lieh'n, dir ist Unsterblichkeit nach deiner Kraft verlieh'n! Gegrüßt, gegrüßt, gegrüßt,
Vl. I.
Vl. II.
Vla.
Vcl.
Basso.
ff

Fl.
Ob.
Clar. A.
Fag.
Cor. E.
Tr. E.
Tromb.
Timp.
ge_grüßt sei, A_rin_ dal im ho_hen Fe_en_ rei _ che, dir ist Un_ sterblichkeit nach dei _ ner
ge_grüßt sei, A_rin_ dal im ho_hen Fe_en_ rei _ che, dir ist Un_ sterblichkeit nach dei _ ner
Vl. I.
Vl. II.
Vla.
Vcl.
Basso.

Meno Allegro.
Fl.
Ob.
Clar. A.
Fag.
Cor. E.
Tr. E.
Tromb.
Timp.
p sempre
3.
Kraft ver - lieh'n, nach dei - ner Kraft ver - lieh'n!
Kraft ver - lieh'n, nach dei - ner Kraft ver - lieh'n!
Vl. I.
Vl. II.
Vla.
Vcl.
Basso.
p dolce sempre
Meno Allegro.

Fl.
Ob.
Clar. A.
Fag.
Cor. E.
Tromb.
Ada.
Entsage deinem Erdenreich, mein Fe-en-land — beherrsche jetzt!
Arindal.
Noch fühl'ich sterblich mich genug, und kann
Vl. I.
Vl. II.
Vla.
Vcl.
Basso.
Tr. E.
Timp.
Zemina.
Entzücken kehret wieder ein, da bei-de jetzt gewonnen sind!
Farzana.
Entzücken kehret wieder ein, da beide jetzt gewonnen sind!
Ar.
— vor Wonne mich nicht fassen!

Cor. E.
Tr. E.
Tromb.
Arindal. Morald, Lora, Drolla, Gernot und Gunther werden eingeführt.
Euch bei_den geb' ich jetzt mein Er - den - land, ein
Vl. I.
Vl. II.
Vla.
Vcl. e Basso.
p dolce
Fl.
Ob.
Clar. A.
Fag.
Timp.
Ar.
höh_res Reich ist Se_ligem mir ver_lieh'n! Seid glücklich stets, denn ich be_schüt - ze euch, seid glücklich stets, denn ich be_schütze
dolce
euch!
Er wird von Ada zum Throne geleitet.
1.2.
Vcl.
Basso.

Presto.
Fl.
Ob.
Clar. A.
Fag.
Cor. E.
Tr. E.
Tromb.
Timp.
cresc.
ff
Chor.
Sopr.
Ein ho - hes Los hat er - er - run-gen, dem
Alto.
Ten.
Ein ho - hes Los hat er er - run-gen, dem
Basso.
Vl. I.
Vl. II.
Vla.
Vcl.
Basso.
Presto.

Fl.
Ob.
Clar. A.
Fag.
Cor. E.
Tr. E.
Tromb.
Timp.
Vl. I.
Vl. II.
Vla.
Vcl.
Basso.
ff
a 2
Er - den - staub ist er ent - rückt, dem Er - - den - staub, dem Er - - den - staub,
Er - den - staub ist er ent - rückt, dem Er - - den - staub, dem Er - - den - staub,

Fl.
Ob.
Clar. A.
Fag.
a 2
Cor. E.
Tr. E.
Tromb.
Timp.
dem Er_den_staub ist er___ ent_rückt! Drum
___dem Er - den_staub, dem Er_den_staub ist er___ ent_rückt!
___dem Er - den_staub, dem Er_den_staub ist er ent_rückt! Drum
___dem Er - - den_staub, dem Er_den_staub ist er___ ent_rückt! Drum sei's in E - - - - - - -
Vl. I.
Vl. II.
Vla.
Vcl.
Basso.

Fl.
Ob.
Clar. A.
a 2
Fag.
Cor. E.
Tr. E.
Tromb.
Timp.
sei's in E_wig_keit be_sun_gen, wie hoch die Lie_be ihn be_glückt, wie hoch die Lie_ _be ihn___ be_
sei's in E_wig_keit be_sun_gen, wie hoch die Lie_be ihn be_glückt, wie hoch die Lie_ _be ihn be_
- - - - - wig_keit___ be_sungen, wie hoch die Lie_ _be ihn be_
Vl. I.
Vl. II.
Vla.
Vcl.
Basso.

Fl.
Ob.
Clar. A.
Fag.
Cor. E.
Tr. E.
Tromb.
Timp.
glückt! Drum sei's in E - - - - - - - - - wig - keit,
glückt!
Drum sei's in E_wig - keit be - sungen, wie hoch die Lie_be ihn be_
glückt!
Vl. I.
Vl. II.
Vla.
Vcl.
Basso.

Fl.
Ob.
Clar. A.
Fag.
Cor. E.
Tr. E.
Tromb.
Timp.
p dolce
— in E - wig keit be - sun - - - gen!
Drum sei's in E - wig keit be -
glückt, drum sei's in E - wig - keit be - sun - - - gen!
Drum sei's in E - wig - keit be -
Vl. I.
Vl. II.
Vla.
Vcl.
Basso.

Fl.

Ob.

Clar. A.

Fag.

Cor. E.

Tr. E.

Tromb.

Timp.

a 2

cresc.

ff

sun - gen, wie hoch die Lie - be ihn be - glückt, wie hoch die Lie - be

wie hoch die Lie - be ihn be - glückt,

sun - gen, wie hoch die Lie - be, die Lie - be ihn be - glückt, wie hoch die Lie - be

wie hoch die Lie - be ihn be - glückt,

Vl. I.

Vl. II.

Vla.

Vcl.

Basso.

a 2
1.
p dolce
Fl.
Ob.
Clar. A.
Fag.
Cor. E.
Tr. E.
Tromb.
Timp.
ff
p
ihn be-glückt, wie hoch die Lie-be ihn be-glückt! Drum sei's in E-wig-
Vl. I.
Vl. II.
Vla.
Vcl.
Basso.

1.
a 2
Fl.
cresc.
Ob.
Clar. A.
Fag.
Cor. E.
Tr. E.
Tromb.
Timp.
keit be - sun - gen, wie hoch die Lie - be ihn be -
wie hoch die Lie - be ihn be -
keit be - sun - gen, wie hoch die Lie - be ihn be -
wie hoch die Lie - be ihn be -
Vl. I.
Vl. II.
Vla.
Vcl.
Basso.

Fl.
Ob.
Clar. A.
Fag.
Cor. E.
Tr. E.
Tromb.
Timp.
ff
a 2
glückt, wie hoch
die Lie - be ihn be - glückt,
glückt,
glückt, wie hoch
die Lie - be ihn be - glückt,
glückt,
Vl. I.
Vl. II.
Vla.
Vcl.
Basso.

Fl.
Ob.
Clar. A.
Fag.
Cor. E.
Tr. E.
Tromb.
Timp.
a 2
ff
wie hoch die Lie - be
ihn beglückt, ihn
wie hoch die Lie - be
ihn beglückt, ihn
tr
Vl.I.
Vl.II.
Vla.
Vcl.
Basso.

Würzburg, den 1ten Januar 1834.
Richard Wagner.

Anhang

In folgendem iſt das Verzeichnis der Änderungen und Zuſätze gegeben, die Hermann Levi für notwendig erachtete und die ſich bei den Aufführungen unter ſeiner wie auch ſpäter unter Felix Mottls Leitung als durchaus entſprechend erwieſen haben; es wird durch dieſelben die Deutlichkeit und Klarheit der Abſichten des Dichter-Komponiſten erhöht, ohne daß gewaltſame Eingriffe in den Aufbau des Werkes gemacht wurden.

Seite	Zeile	Takt	
2	1	3	Die zweite Klarinette ſpielt:
2	1	1	Horn 1 und 2 pauſieren vom zweiten Viertel bis zum Schluß des: un poco meno Adagio.
4	2	4	Horn 1 und 2 pauſieren bis einſchließlich
5	1	5	und ſetzen dann p. cresc. mit den Oboen, die auch p. cresc. blaſen, ein.
5	2	1	Alle Bläſer und die Pauke ſpielen fp.
5	2	2	„ „ „ „ „ „ cresc. bis
5	2	6	Hlzbl. Hr. und Pos. ſpielen fp, die Trompeten und Pauke nur $^1/_4$ f und pauſieren
5	2	7	„ „ „ „ „ cresc., „ „ „ „ pauſieren bis
6	2	1	Alle Bläser und Pauke ſpielen f; die Trompeten und Pauken ſetzen hier wieder ein.
6	1	2	Genau wie S. 5, Z. 2, T. 6.
6	1	3	Genau wie S. 5, Z. 2, T. 7.
6	1	5	Genau wie S. 6, Z. 1, T. 1.
6	2	9	Horn 3 und 4 pauſieren den ganzen Takt und ſetzen erſt im nächſten Takt ein.
7	2	6	Oboe 2 und Klarinette 2 blaſen mit Ob. 1 reſp. Kl. 1 unisono.
8	1	13/14	Fl. 1 <.
8	2	3—4	Poco calando, im folgenden Takt 5: tempo.
9	1	7	Kein cresc., Oboen pauſieren bis einſchließlich Takt 8.
9	2	2	Überall cresc.
9	2	4	Hr. 3 u. 4 Tr. u. Pauken p, im nächſten Takt <, im 6. f, Original nur f.
9	2	5	Poſaunen p < | f.
9	2	6	Die Oboen ſpielen nur eine Viertel-Note und pauſieren dann bis
10	1	7	Die Oboen ſetzen hier ein und ſpielen beide unisono mit den Flöten bis
10	2	2	Die Oboe 1 ſpielt unisono mit den Flöten weiter, die Oboe 2 eine Oktave tiefer bis einſchließlich Takt 5 dieſer Zeile.
10	2	6	Überall pp, Original bleibt f.
10	1	1	Fl. und Klar. ſpielen die erſten zwei Noten gleiche Viertel.
10	2	1 u. 5	Fl. und Klar. ſpielen die erſten zwei Noten in dieſen Takten gleiche Viertel; Levi hat dieſe Veränderung des Rhythmus, der Aria der Ada (2. Akt) entnommen; dort ſingt Ada dieſelbe Melodie, nur iſt ſie dort ohne Punkt nach dem 1. Viertel des 3. Taktes und Levi hat ſehr richtig dieſe Änderung auch in der Ouvertüre aufgenommen, denn die Melodie erhält dadurch viel mehr Schwung und Energie.
9	2	6	Das 1. Hr. ſpielt nur $^3/_4$ und pauſiert dann 2 Takte bis Takt 6.
9	2	6	Die Fg. und Hr. blaſen lauter ganze Noten, immer 4 Takte auf einem Atem und zwar bis Takt 6 der Zeile 2 der nächſten Seite.
10	2	6	pp iſt von Levi, im Original bleibt f reſp. mf.
10	2	7	cresc.
11	1	3	f, Takt 7, Hr., Tr. u. Poſ. fp.
11	2	3	Hr. Tr. u. Poſ. fp.
12	1	1	p. cresc. iſt von Levi; Original bleibt f.
13	1	3	p. cresc. iſt von Levi; im Original ſteht f, bei den Tr., Hr. u. Pauke piu f.
13	1	10	Levi läßt die Klar. in Oktaven weiter blaſen (cis, d, dis, e).
13	1	11	Hr. 1 u. 2 pauſieren bis einſchließlich letzten Takt dieſer Seite.
13	2	5	Hr. 3 bläſt b, unisono mit Hr. 4, im nächſten Takt ſpielt Hr. 3 u. 4 ff

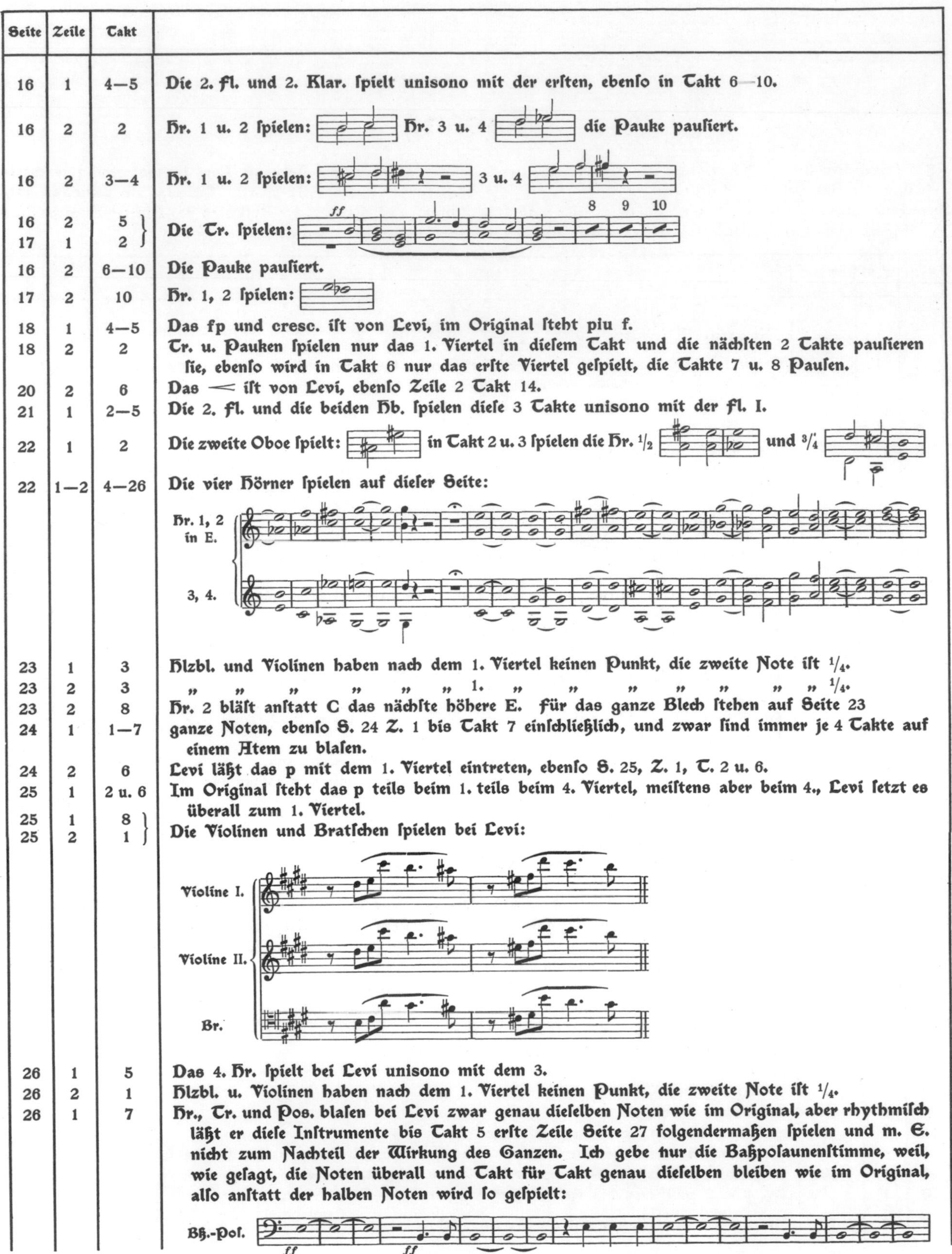

Seite	Zeile	Takt	
16	1	4—5	Die 2. Fl. und 2. Klar. spielt unisono mit der ersten, ebenso in Takt 6—10.
16	2	2	Hr. 1 u. 2 spielen: Hr. 3 u. 4 die Pauke pausiert.
16	2	3—4	Hr. 1 u. 2 spielen: 3 u. 4
16 17	2 1	5 2	Die Tr. spielen:
16	2	6—10	Die Pauke pausiert.
17	2	10	Hr. 1, 2 spielen:
18	1	4—5	Das fp und cresc. ist von Levi, im Original steht piu f.
18	2	2	Tr. u. Pauken spielen nur das 1. Viertel in diesem Takt und die nächsten 2 Takte pausieren sie, ebenso wird in Takt 6 nur das erste Viertel gespielt, die Takte 7 u. 8 Pausen.
20	2	6	Das < ist von Levi, ebenso Zeile 2 Takt 14.
21	1	2—5	Die 2. Fl. und die beiden Hb. spielen diese 3 Takte unisono mit der Fl. I.
22	1	2	Die zweite Oboe spielt: in Takt 2 u. 3 spielen die Hr. 1/2 und 3/4
22	1—2	4—26	Die vier Hörner spielen auf dieser Seite:
23	1	3	Hlzbl. und Violinen haben nach dem 1. Viertel keinen Punkt, die zweite Note ist 1/4.
23	2	3	„ „ „ „ „ 1. „ „ „ „ „ „ 1/4.
23	2	8	Hr. 2 bläst anstatt C das nächste höhere E. Für das ganze Blech stehen auf Seite 23
24	1	1—7	ganze Noten, ebenso S. 24 Z. 1 bis Takt 7 einschließlich, und zwar sind immer je 4 Takte auf einem Atem zu blasen.
24	2	6	Levi läßt das p mit dem 1. Viertel eintreten, ebenso S. 25, Z. 1, T. 2 u. 6.
25	1	2 u. 6	Im Original steht das p teils beim 1. teils beim 4. Viertel, meistens aber beim 4., Levi setzt es überall zum 1. Viertel.
25 25	1 2	8 1	Die Violinen und Bratschen spielen bei Levi:
26	1	5	Das 4. Hr. spielt bei Levi unisono mit dem 3.
26	2	1	Hlzbl. u. Violinen haben nach dem 1. Viertel keinen Punkt, die zweite Note ist 1/4.
26	1	7	Hr., Tr. und Pos. blasen bei Levi zwar genau dieselben Noten wie im Original, aber rhythmisch läßt er diese Instrumente bis Takt 5 erste Zeile Seite 27 folgendermaßen spielen und m. E. nicht zum Nachteil der Wirkung des Ganzen. Ich gebe nur die Baßposaunenstimme, weil, wie gesagt, die Noten überall und Takt für Takt genau dieselben bleiben wie im Original, also anstatt der halben Noten wird so gespielt:

Seite	Zeile	Takt	
			Die Pauke hingegen ſpielt von T. 7 Z. 1 S. 26 bis einſchließlich T. 5 Z. 1 S. 27 ſo: Pauke. 
27	1	1	Hlzbl. u. Violinen haben nach dem 1. Viertel keinen Punkt, die zweite Note iſt 1/4.
30	1	4	Der Triller auf dis in der Bratſche ſteht auch im Original; ich frage mich, ob ſich Wagner nicht verſchrieben hat und h im Tenorſchlüſſel dachte? Die zweite halbe Note dieſes Taktes würde demgemäß dann dis heißen müſſen und das gis im darauffolgenden E.
31	1	1	Das 4. Hr. ſpielt in dieſem Takt: 
33	1	4	Die 2. Klar. ſpielt g ſtatt d.
35	2	1	Levi läßt das trem. in den Streichern fp ſpielen, die Bäſſe tremolieren nicht.
36	2	2	Die Bäſſe pauſieren vom 2. Viertel dieſes Taktes bis
36	4	1	Die Bäſſe ſetzen auf dem f wieder ein (2. Note des Taktes).
37	1	1	Alla breve, nicht C wie im Original.
38	1	4	Hr. 1 u. 2 heißt im Original: 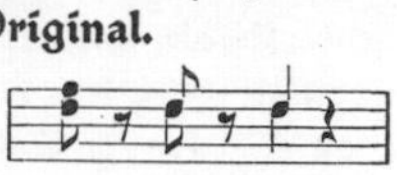
41	1	6	Hr. 3 u. 4 (in Es) ſetzen bei Levi erſt auf dem 2. Viertel ein, mit den übrigen Bläſern; im Original ſteht dieſer Takt ſo: 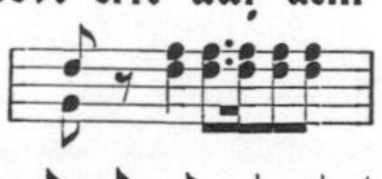 das g im 4. Hr. iſt offenbar ein Schreibfehler, ich habe h daraus gemacht.
46	1	1	Levi läßt den Chor ſingen: 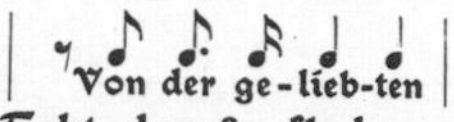 Von der ge-lieb-ten anſtatt: Von der ge-lieb-ten 
48	3	2—3	Das < und im folgenden Takt das fp ſind von Levi.
49	1	2	Das fp iſt von L. Die Kontrabäſſe tremolieren nicht, ſondern ſpielen im 2. Takt dieſer Zeile eine ganze Note b, im 3. Takt 1/4 as u. pauſieren dann bis zum 4. Takt; mit dem Viertel
49	2	1	b ſetzen ſie wieder ein.
49	2	5	Das p iſt von Levi.
49	3	2—4	Die Kb. ſpielen im 2. Takt nur 1/8 es, pauſieren dann bis Takt 5.
50	1	3	Die Kb. tremolieren nicht, ſondern ſpielen gehaltenes d.
50	2	2	Die Kb. ſpielen nur 1/4 b und haben dann 3/4 Pauſen.
51	2	5	Hier läßt Levi einen Takt aus und ändert den Text folgendermaßen:  Gunther. Un-glaub-lich! Gernot. nach. Vor Schrek-ken wär ich faſt ge-ſtor-ben Violine I. Violine II Viola. Vc. u. Kb.
51	2	3	Die Kb. ſpielen nur Achtel, keine Sechzehntel.
52	1	3	Das p iſt von Levi.
52	3	1	Die Kb. ſpielen im 1. Takt der Z. 3, S. 52 nur 1/4 und pauſieren dann bis zum Takt 1 der Z. 4, mit dem Allegro ſetzen ſie wieder ein.
52	5	3	Gernot ſingt auf die Worte: „ich weiß es" as, g, as, ſtatt b, as, b.
53	2	2	fp iſt von Levi.
53	3	4	Levi läßt die Pauke in dieſem Takt ebenfalls nur 1/8 ſpielen, im folgenden Takt ſetzt ſie dann f ein und ſpielt 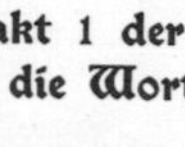

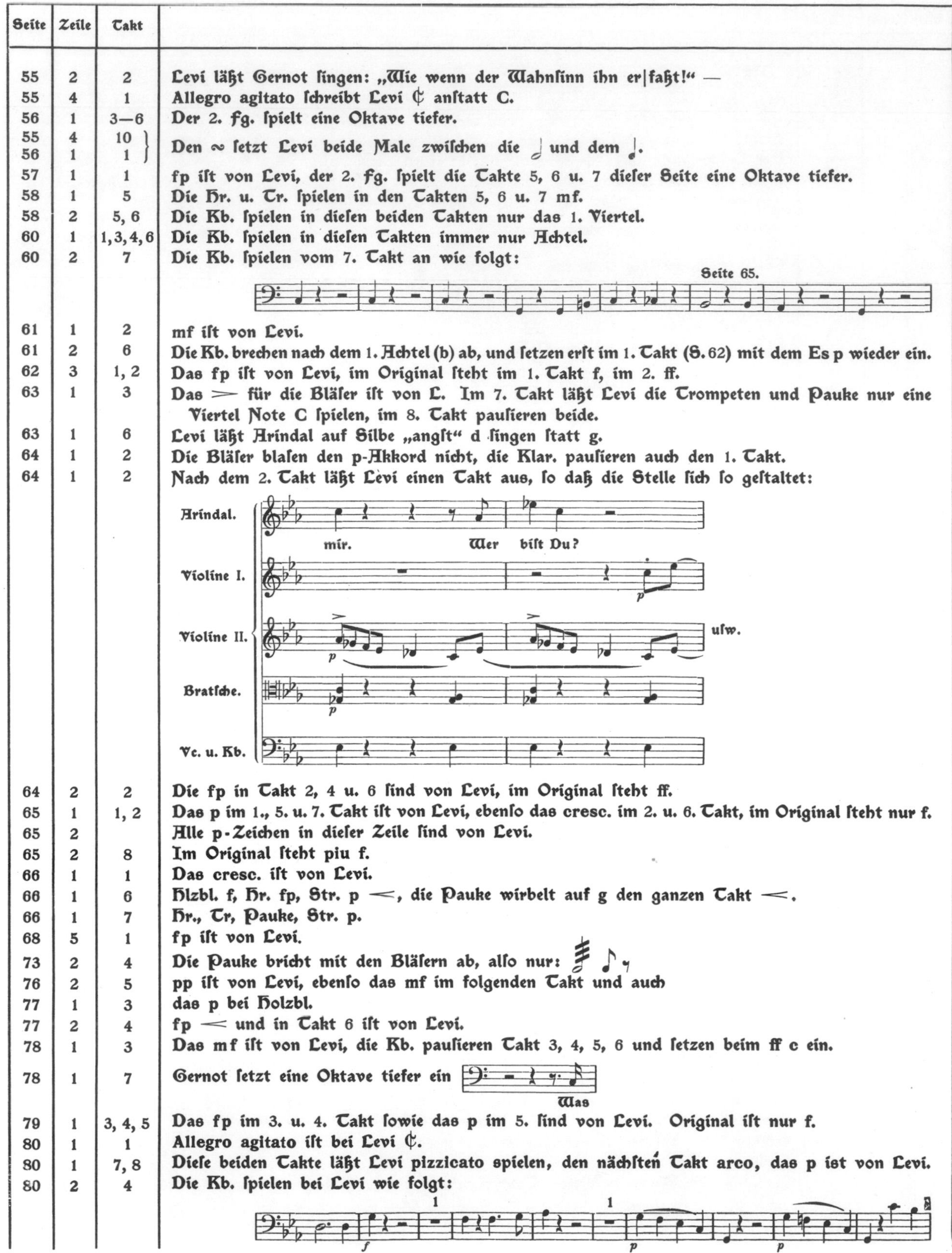

Seite	Zeile	Takt	
55	2	2	Levi läßt Gernot singen: „Wie wenn der Wahnsinn ihn er|faßt!" —
55	4	1	Allegro agitato schreibt Levi ₵ anstatt C.
56	1	3—6	Der 2. Fg. spielt eine Oktave tiefer.
55 56	4 1	10 1	Den ∾ setzt Levi beide Male zwischen die 𝅗𝅥 und dem 𝅘𝅥.
57	1	1	fp ist von Levi, der 2. Fg. spielt die Takte 5, 6 u. 7 dieser Seite eine Oktave tiefer.
58	1	5	Die Hr. u. Tr. spielen in den Takten 5, 6 u. 7 mf.
58	2	5, 6	Die Kb. spielen in diesen beiden Takten nur das 1. Viertel.
60	1	1, 3, 4, 6	Die Kb. spielen in diesen Takten immer nur Achtel.
60	2	7	Die Kb. spielen vom 7. Takt an wie folgt: Seite 65.
61	1	2	mf ist von Levi.
61	2	6	Die Kb. brechen nach dem 1. Achtel (b) ab, und setzen erst im 1. Takt (S. 62) mit dem Es p wieder ein.
62	3	1, 2	Das fp ist von Levi, im Original steht im 1. Takt f, im 2. ff.
63	1	3	Das > für die Bläser ist von L. Im 7. Takt läßt Levi die Trompeten und Pauke nur eine Viertel Note C spielen, im 8. Takt pausieren beide.
63	1	6	Levi läßt Arindal auf Silbe „angst" d singen statt g.
64	1	2	Die Bläser blasen den p-Akkord nicht, die Klar. pausieren auch den 1. Takt.
64	1	2	Nach dem 2. Takt läßt Levi einen Takt aus, so daß die Stelle sich so gestaltet: Arindal. — mir. Wer bist Du? Violine I. Violine II. — usw. Bratsche. Vc. u. Kb.
64	2	2	Die fp in Takt 2, 4 u. 6 sind von Levi, im Original steht ff.
65	1	1, 2	Das p im 1., 5. u. 7. Takt ist von Levi, ebenso das cresc. im 2. u. 6. Takt, im Original steht nur f.
65	2		Alle p-Zeichen in dieser Zeile sind von Levi.
65	2	8	Im Original steht piu f.
66	1	1	Das cresc. ist von Levi.
66	1	6	Hlzbl. f, Hr. fp, Str. p <, die Pauke wirbelt auf g den ganzen Takt <.
66	1	7	Hr., Tr, Pauke, Str. p.
68	5	1	fp ist von Levi.
73	2	4	Die Pauke bricht mit den Bläsern ab, also nur:
76	2	5	pp ist von Levi, ebenso das mf im folgenden Takt und auch
77	1	3	das p bei Holzbl.
77	2	4	fp < und in Takt 6 ist von Levi.
78	1	3	Das mf ist von Levi, die Kb. pausieren Takt 3, 4, 5, 6 und setzen beim ff c ein.
78	1	7	Gernot setzt eine Oktave tiefer ein Was
79	1	3, 4, 5	Das fp im 3. u. 4. Takt sowie das p im 5. sind von Levi. Original ist nur f.
80	1	1	Allegro agitato ist bei Levi ₵.
80	1	7, 8	Diese beiden Takte läßt Levi pizzicato spielen, den nächsten Takt arco, das p ist von Levi.
80	2	4	Die Kb. spielen bei Levi wie folgt:

Seite	Zeile	Takt	
81	2	1	Original ſteht f, die 1. Note in Takt 4, Violine I u. Viola, hat Levi in G umgeändert.
82	1	1, 2	Das p bei den Bläſern u. Str. iſt von Levi.
84	1	6	Die beiden p ſind von Levi.
84	2	1	
85	2	2	pp < iſt von Levi, original ſteht f. Die Kb. ſpielen in dieſem Takt nur das 1. Viertel.
85	2	3	f iſt von Levi.
86	1	4	p < iſt von Levi, original ſteht f.
87	2	4, 5	Hrn. 1 u. 2 ſpielen nicht.
88	2	6	Levi ließ von hier bis Takt 5 Seite 89 ein stringendo machen, dann wieder a tempo.
90	1	1, 2	fp und p ſind von Levi; im 1. Takt ſingt Arindal: ſchick! Dein Vor-wurf trifft mich ſchwer!
91	1	1	Bei Levi ¢.
91	1	8	Poſ. bläſt original ff, in T. 3 u. 4 Z. 2 ſchweigen die Hlzbl. u. Hr. bei Levi, das p in Takt 5 iſt von Levi.
91	2	6	p <> iſt nicht original, ebenſo auf S. 92, Z. 2, T. 1, 3 u. 4 die > Zeichen und das p.
92	2	1, 3	Levi läßt die 1. Violinen u. Br. im 1. Takt als 1. Note a und im 3. Takt f ſtatt gis ſpielen.
93	1	1, 2	p und cresc. ſind von Levi; original iſt's f und im 5. Takt piu f.
93	2	1—4	Die Kb. ſpielen nicht die 1/8 ſondern nur ebenſo S. 94, T. 1.
93	2	4	Das f iſt von Levi.
94	1	5	Levi läßt die Pauke in dieſen 3 Takten mitſpielen und zwar in a
94	2	1, 2	
95	1	4, 5	> iſt nicht original.
97	1	1	Im Original ſteht hier piu f.
98	2	1, 2	Die Pauke ſetzt erſt beim Allegro mit dem b ein; Allegro vivace iſt bei Levi ¢.
99	1	5	Original ſteht f <. Levi läßt f > ſpielen.
99	1, 2		Alle p und > Zeichen ſind von Levi, ebenſo das p < f. Original ſteht f.
103	1	5	p iſt von Levi, ebenſo das mf bei den Bl. in Takt 7.
103	2	5, 6, 7	p < iſt von Levi, ebenſo das mf in Takt 7 Bläſer und Pauke.
104	1	3, 6	Die p dieſer Seite ſind von Levi.
104	2	7, 8	Takt 7, 8 u. folge ſingt Arindal ſo: Ihr auf e-wig fort! Ach—
105	1		Die p's. in Takt 5 u. 6, das fp in Takt 7, < Takt 8, das mf Z. 2, T. 1 ſowie das p in T. 4 S. 106 ſtammen alle von Levi; original ſteht nur f.
106	1	4	p und Takt 8 mf iſt von Levi; original iſt's f.
106	2	9	Levi läßt die Br. in dieſen Takten ſo ſpielen:
107	1	1	
108	1—2	5	Levi ſetzt den ∾ in der Oboe und ſpäter in der 1. Violine zwiſchen die 1. u. 2. Note des Taktes.
109			Die fp ſind alle von Levi, original iſt alles f.
109	2	4	Hr. 3 u. 4 ſpielen:
110	1	1	Das pp iſt von Levi.
111	1	5	Hier läßt Levi die 2. Klar. einſetzen, anſtatt das 2. Fg., im nächſten Takt ſetzt die 1. Klar. ſtatt das 1. Fg. ein, und die Klar. ſpielen dieſe 7 Takte; nach den 2 Takt-Pauſen, welche folgen, ſetzen die Fg. ein, wie im Original.
116	2	4	Die Kb. ſpielen nur ein Achtel C und pauſieren dann bis S. 117 T. 2 letztes Achtel.
117	2	2, 4, 5	Das p in den 3 Takten iſt von Levi.
123	1	1, 6	¢ bei Levi; das p im 6. Takt iſt von Levi.
123	2	2, 3, 5	Hr. 1 u. 2 ſpielen nicht im 2. u. 3. Takt, das p in Takt 2 u. das f in Takt 5 ſind von Levi.
124	2	8, 9	Die Kb. ſpielen anſtatt 1/8 zwei ganze Noten
125	2	3	fp iſt von Levi, im Original ſteht f.
126	1	6	p < fp in dieſem und dem nächſtfolgenden Takt iſt von Levi.
126	2	4	Die Str. brechen nach dem 1. Viertel ab und ſetzen erſt im nächſten Takt ein.

Seite	Zeile	Takt	
127	1	2	Das fp ist von Levi, im 3. u. 6. Takt schweigen die Bläser; im 4. u. 5. Takt, sowie im 7. u. 8. Takt spielt das Hr. 2 statt g — e  Die Kb. spielen im 2. u. 5. Takt je nur das 1. Viertel, in Takt 3 und 6 pausieren sie gänzlich.
128	1	3	p ist von Levi, ebenso mf Takt 5, die 2. Hälfte des Taktes 3 ist meno mosso.
128	1	6 }	p sind von Levi.
128	2	2 }	
129	1	1	p ist von Levi, ebenso Z. 2 T. 2.
129	2	5	p ist von Levi, ebenso
130	2	2	das cresc.
131	1	2	p ist von Levi.
132	1	2	p ist von Levi, ebenso das p in T. 4.
132	2	2	fp und rit. sind von Levi, ebenso a tempo.
133	1	3	schweigen die Fg.
133	2	1	Vc. u. Kb. spielen 8 Takte pizz., vom 9. ab arco; Original bleibt es arco.
135		3, 4	Die Kb. spielen nur: , ebenso in Takt 7 u. folgende.
137		4	Das p auf dem 3. Viertel ist von Levi.
138		6	Die Kb. spielen in Takt 6 nur das 1. Viertel u. pausieren dann den nächsten Takt.
140		1	Die Kb. spielen nur das 1. Viertel, pausieren den folgenden Takt, Takt 5 ebenfalls nur das 1. Viertel und pausieren wieder einen Takt.
143	1	4	fp.
151		4	Die Kb. spielen nur das 1. Viertel, pausieren dann 2 Takte.
152	1	2	Die Kb. setzen erst auf dem 4. Viertel ein. In Takt 4 spielen sie nur das 1. Viertel, pausieren den nächsten Takt; dasselbe wiederholt sich in den Takten 6/7, 8/9, 10/11.
153	1	1—2	Die Kb. spielen ganze Noten statt Achtel, das mf > p in Takt 2 u. 3 ist von Levi.
153	2	4, 5	Die Kb. spielen in Takt 4 nur das 1. Viertel, Takt 5 Pause, Takt 6 u. folge ebenso.
154	2	1	Arindal singt:  Die Kb. spielen von S. 154, T. 2 bis S. 155, T. 7 einschließlich wie folgt: 
154	2	2	Das p ist von Levi.
156	1	3	Die beiden fp sind von Levi, ebenso das p Z. 2, T. 4. Die Hörner (3 u. 4) und die Tromp.
156	2	6	spielen wie folgt: Hr. 3, 4  Tr. 
157	1	1	Das p in Takt 1 u. 2 ist von Levi. Hr. 1 u. 2 spielen in Takt 1  Hr. u. Tr. pausieren im 3. Takt gänzlich.
165		5	p ist von Levi.
171		3	p ist von Levi. Die Kb. spielen vom 4. Viertel dieses Taktes ab pizz. bis
173		1	4. Viertel, hier setzen sie dann f mit Bog. ein.
174		1	Die Bl. in Takt 1 spielen original den ganzen Takt ff.
179	1	1	fp, cresc. ist von Levi, original bleibt es f.
181		7	Tr. und Pauke pausieren diesen Takt und setzen erst beim f im nächsten Takt ein, original beginnen sie einen Takt früher mit denselben Noten.
182		7	Hlzbl. u. Str. mf, Hr., Tr. u. Pk. p cresc. sind von Levi, original bleibt es f.
			Akt II^do^.
191	1	6	u. Takt 1 Zeile 2 blasen Hr. 3 u. 4 
192	1	4	Tranquillo ist von Levi, in Takt 5 der 2. Zeile heißt die 3. Note in der 1. Viol. E im Original.
193	1	3—4	> und p sind von Levi.
194	1	10	pp cresc. ist nicht original.

Seite	Zeile	Takt	
196	2	3	fp iſt von Levi, ebenſo S. 197, T. 3, im Original ſteht f; daſſelbe S. 198, Z. 2, T. 5.
198	1	4	Lora ſingt auf den Silben „miſſen“ zweimal a ſtatt a—c.
198	2	1	Lora ſingt auf dem Wort „begehrt“ ſtatt c—f, begehrt
199	2	1	fp iſt von Levi.
199	2	6	Hr. 3 u. 4 blaſen
200	1	3	mf reſp. f < ſind nicht original.
201	1	3	Die beiden fp ſind von Levi, Original f
201	3	9	und den nächſten Takt ſchweigt Fg.
203	2	8	fp iſt von Levi, ebenſo S. 205, Z. 1, T. 1 und S. 216, Z. 2, T. 6.
219	2	1	mf auf der 2. Takthälfte iſt von Levi, ebenſo in Takt 8.
221	2	1	p iſt von Levi.
222	1	4	Lora und Morald ſingen bei Levi wie folgt: 
224	1	2—3	Hr. 1 u. 2 ſchweigen.
224	1	8	p reſp. mf iſt von Levi, Original f, ebenſo Z. 2, T. 7 p und S. 225, Z. 1, T. 3 fp, mf <.
226	2	7, 8	p und mf ſind von Levi, ebenſo mf Takt 10.
227	1	4	Levi läßt Lora ſo ſingen: - - gen führt!
228	3	2	fp iſt von Levi.
228	4	3	p iſt von Levi, ebenſo S. 229, Z. 2, T. 4 und Z. 3, T. 2.
230	2	1—4, 6	Die p ſind von Levi, ebenſo S. 231 Z. 1 T. 1, 2. Original alles f.
231	1	6—7	p iſt von Levi, ebenſo das < und f in Z. 2, T. 1 und 2, ſowie das p espress. in T. 3.
232	2	2	String. bis zur 𝄐.
233	1	1	ſpielen die Kb. nur das 1. Achtel und pauſieren dann bis Takt 5.
234	1	4	ritard. und a tempo ſind von Levi.
235	3	1	Die Kb. ſpielen nur das 1. Achtel und pauſieren dann bis Takt 4.
236	1	4	Ritar. und das folgende a tempo ſind von Levi, Z. 3, T. 1 cresc. iſt von Levi.
236	3	2	f, Takt 4, cresc. Takt 5, f ſind von Levi.
237	1	1—5	ſpielen die Vc. u. Kb. pizz. gis arco.
238	2	2—3	Beide p ſind von Levi.
239	1	3, 5	ſpielen die Kb. immer nur das 1. Achtel pizz. im übrigen pauſieren ſie.
239	2	2	
239	2	3—4	Die Kb. ſpielen in den beiden 1. Takten nur das 1. Achtel;
240	1	1	von hier ab wiederholt ſich daſſelbe wie S. 239, Z. 1, T. 3 uſw.
240	2	4	Die Kb. ſpielen in dieſen Takten keine ſechzehntel Noten, ſondern
241	1	2, 5, 7	
242	3	2 u. 3	Die Kb. pauſieren in dieſen beiden Takten.
244	1	4—5	p im 4. und < im 5. Takt. Zeile 2 derſelben Seite ſpielen die Str. in Takt 2 pizz., Takt 3 u. erſte Hälfte Takt 4 arco zweite Hälfte dieſes Taktes pizz. Takt 5 die Viol. arco, Br., Vc. u. Kb. pizz. Takt 6 Br., Vc., Kb. arco.

Seite	Zeile	Takt	
245	1	3	spielen die Br. [Notenbeispiel] Z. 2 von T. 1 ab bis T. 3, S. 246 spielen die Kb. wie folgt: [Notenbeispiel: 1 pizz. 1 1 1 arco. p]
247	1	1	mf Takt 2 < sind nicht im Original, Takt 7 p ebenfalls nicht.
248	2	7	fp ist von Levi, Hr. 3 u. 4 pausieren, Kb. spielen nur ein 1/8 fis, dann schweigen sie.
248	3	1 u. 2	Kb. pausieren.
249	2	1	spielen die Kb. nur das 1/8 b dann Pause bis Takt 3, auch hier spielen sie nur ein 1/8 E und pausieren Takt 4; original spielen sie alles mit den Vc. Das fp in Takt 3 ist von Levi.
249	3	4	p ist von Levi.
250	2	3—4	Die fp der Str. u. das p sind von Levi. Die Kb. tremolieren nicht.
251	2	1	Br. ffp bei Levi, in Takt 5 pausieren die Tr. gänzlich.
252	2	2	Br. p.
254	1	5	u. Z. 2, T. 1 fp in beiden Takten ist von Levi. Die Tr. spielen nicht in Z. 1, T. 7 u. 8, sie pausieren bis zum T. 5 der Z. 2, S. 255 ff. Die Pk. spielt in T. 8, Z. 1, S. 254 as, ebenso T. 4, Z. 2, S. 254.
254	1	7	Die Kb. spielen von Takt 7 ab immer ganze Noten anstatt [Notenzeichen], ebenso auf S. 255, Z. 1. Die Pk. pausiert nach T. 4, Z. 2, bis S. 255, Z. 2, T. 5.
254	2	5	fp ist von Levi.
255	2	7	ist bei Levi C, nicht ¢, das ffp in T. 2, Z. 1 S. 256 ist von Levi.
262	2	7	p von Levi.
263	1	5	fp von Levi. Die Kb. tremolieren in Takt 5, 6 u. 7 nicht, sie spielen ganze Noten.
263	2	7	fp von Levi, die Kb. spielen in diesem sowie in T. 1 u. 2 auf S. 264 gehaltene Noten, kein trem.
264	2	7	Die Kb. spielen nur 1/4 a, dann pausieren sie bis T. 3 auf S. 265.
265	1	3	Die Kb. spielen eine gehaltene Note mit angebundenem 1. Viertel des 4. Taktes. Takt 5 u. 6 Pause; Takt 7 u. 8 wie Takt 3 u. 4 dieser Seite.
267	2	4—6	In Takt 4 spielen die Kb. nur das erste Viertel, dann pausieren sie bis einschl. Takt 6.
268	1—2		Die Kb. setzen erst mit dem f ein in T. 2, Z. 2, bis dahin pausieren sie.
268	2	8, 10	Die Bl. schweigen in Takt 8, das fp in Takt 10 ist von Levi.
269	1	4, 5	singt Ada: [Notenbeispiel: Ban-den auch be-]
272	1	7	Die Singstimme hat folgende Änderung erfahren: [Notenbeispiel: Aus meinen Ban-den, aus meinen Banden, aus meinen Banden, aus meinen Ban-]
272	2	7	Das > ist von Levi.
273	2	4	Die 1. u. 2. Geigen sowie die Br. spielen eine Oktave höher.
274	3	1	Die Kb. spielen bis T. 1, S. 275 genau wie die Fg.; T. 1, Z. 1, S. 275 spielen sie nur ein Viertel u. pausieren dann bis T. 1, Z. 2, wo sie mit dem fp, das auch von Levi ist, einsetzen.
275	1	8	Levi läßt die Tr. u. Hr. 3 u. 4 rhythmisch genau so blasen, wie die übrigen Bl.
275	2	3	p ist von Levi.
276		2	Die Kb. brechen nach dem 1. Viertel ab u. pausieren dann bis Takt 5.
276		6	Die mf sind von Levi. Original heißt es sempre f; ebenso S. 277, T. 4.
277		2, 4	
279		3	Die Br. läßt Levi in 8va basso mit den 2. Violinen spielen, aber ohne fis.
280	1	6	Dim. ist von Levi, ebenso das p T. 1, Z. 2 (Hr., Tr., Pk.).
280		2	Hr., Tr. u. Pk. schweigen nach dem 1. Viertel u. pausieren dann bis S. 281, Z. 1, T. 3.
283		5	Die Tr. u. Pk. schweigen, ebenso S. 285 u. 286.
285		5, 6	Die Tenöre singen statt h—h | a— |, D—d | c; die Kb. spielen in Takt 7 keine Achtel, ebenso S. 286, T. 4, das E im folgenden Takt ist an die ganze Note a in beiden Fällen angebunden.
286		7	Das mf in diesem Takt, sowie auf S. 287, T. 2 ist von Levi.
287		1	Hr. 1 u. 2 schweigen.
287		4, 5	Hr. u. Tr. spielen Takt 4 nur das 1. Viertel, in Takt 5 schweigen sie ganz. fp in Takt 7 ist von Levi.

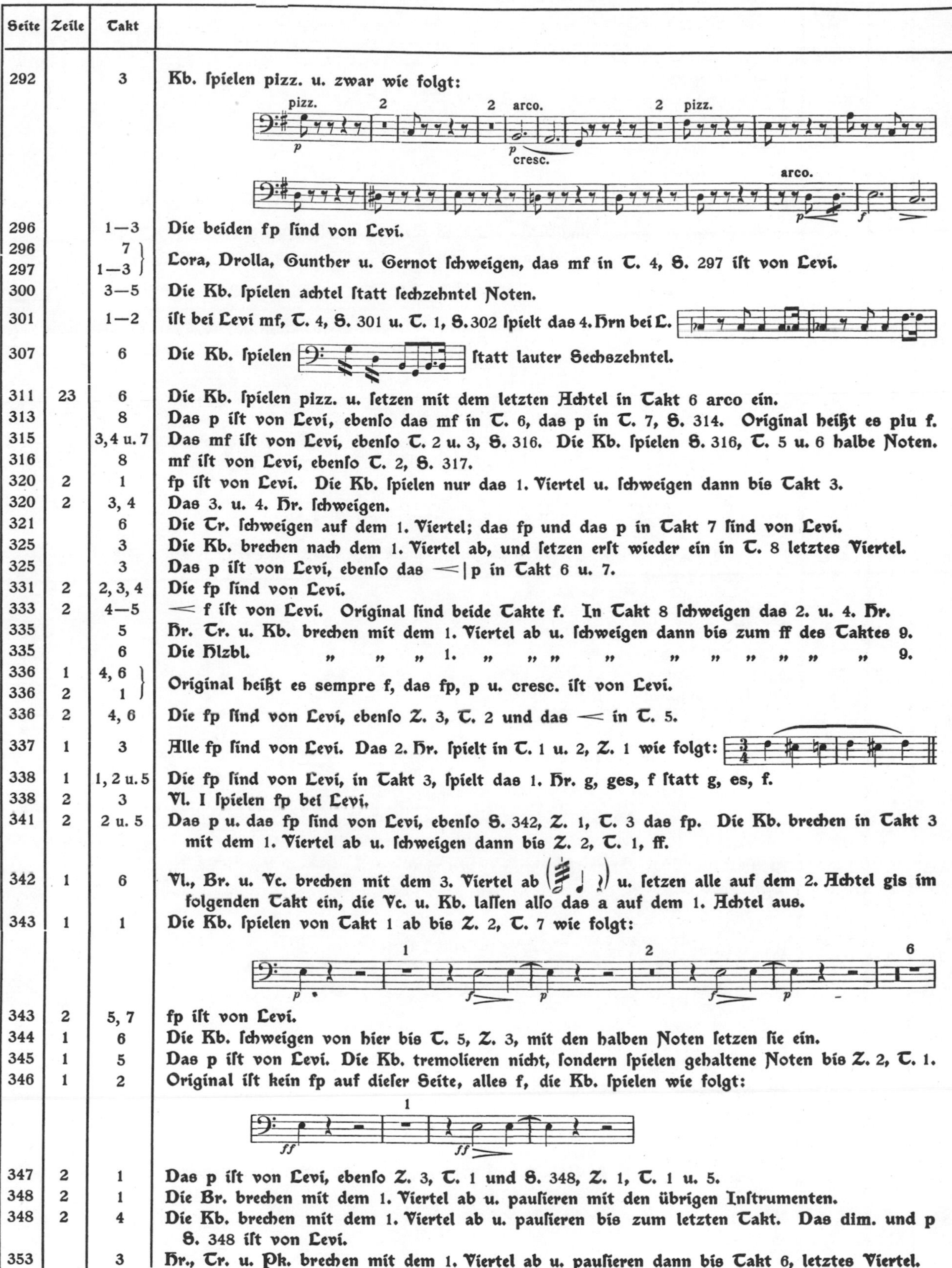

Seite	Zeile	Takt	
292		3	Kb. spielen pizz. u. zwar wie folgt:
296		1—3	Die beiden fp sind von Levi.
296 297		7 1—3	Lora, Drolla, Gunther u. Gernot schweigen, das mf in T. 4, S. 297 ist von Levi.
300		3—5	Die Kb. spielen achtel statt sechzehntel Noten.
301		1—2	ist bei Levi mf, T. 4, S. 301 u. T. 1, S. 302 spielt das 4. Hrn bei L.
307		6	Die Kb. spielen [Notenbeispiel] statt lauter Sechzehntel.
311	23	6	Die Kb. spielen pizz. u. setzen mit dem letzten Achtel in Takt 6 arco ein.
313		8	Das p ist von Levi, ebenso das mf in T. 6, das p in T. 7, S. 314. Original heißt es piu f.
315		3, 4 u. 7	Das mf ist von Levi, ebenso T. 2 u. 3, S. 316. Die Kb. spielen S. 316, T. 5 u. 6 halbe Noten.
316		8	mf ist von Levi, ebenso T. 2, S. 317.
320	2	1	fp ist von Levi. Die Kb. spielen nur das 1. Viertel u. schweigen dann bis Takt 3.
320	2	3, 4	Das 3. u. 4. Hr. schweigen.
321		6	Die Tr. schweigen auf dem 1. Viertel; das fp und das p in Takt 7 sind von Levi.
325		3	Die Kb. brechen nach dem 1. Viertel ab, und setzen erst wieder ein in T. 8 letztes Viertel.
325		3	Das p ist von Levi, ebenso das < | p in Takt 6 u. 7.
331	2	2, 3, 4	Die fp sind von Levi.
333	2	4—5	< f ist von Levi. Original sind beide Takte f. In Takt 8 schweigen das 2. u. 4. Hr.
335		5	Hr. Tr. u. Kb. brechen mit dem 1. Viertel ab u. schweigen dann bis zum ff des Taktes 9.
335		6	Die Hlzbl. „ „ „ 1. „ „ „ „ „ „ „ „ „ „ „ 9.
336 336	1 2	4, 6 1	Original heißt es sempre f, das fp, p u. cresc. ist von Levi.
336	2	4, 6	Die fp sind von Levi, ebenso Z. 3, T. 2 und das < in T. 5.
337	1	3	Alle fp sind von Levi. Das 2. Hr. spielt in T. 1 u. 2, Z. 1 wie folgt:
338	1	1, 2 u. 5	Die fp sind von Levi, in Takt 3, spielt das 1. Hr. g, ges, f statt g, es, f.
338	2	3	Vl. I spielen fp bei Levi.
341	2	2 u. 5	Das p u. das fp sind von Levi, ebenso S. 342, Z. 1, T. 3 das fp. Die Kb. brechen in Takt 3 mit dem 1. Viertel ab u. schweigen dann bis Z. 2, T. 1, ff.
342	1	6	Vl., Br. u. Vc. brechen mit dem 3. Viertel ab [Notenbeispiel] u. setzen alle auf dem 2. Achtel gis im folgenden Takt ein, die Vc. u. Kb. lassen also das a auf dem 1. Achtel aus.
343	1	1	Die Kb. spielen von Takt 1 ab bis Z. 2, T. 7 wie folgt:
343	2	5, 7	fp ist von Levi.
344	1	6	Die Kb. schweigen von hier bis T. 5, Z. 3, mit den halben Noten setzen sie ein.
345	1	5	Das p ist von Levi. Die Kb. tremolieren nicht, sondern spielen gehaltene Noten bis Z. 2, T. 1.
346	1	2	Original ist kein fp auf dieser Seite, alles f, die Kb. spielen wie folgt:
347	2	1	Das p ist von Levi, ebenso Z. 3, T. 1 und S. 348, Z. 1, T. 1 u. 5.
348	2	1	Die Br. brechen mit dem 1. Viertel ab u. pausieren mit den übrigen Instrumenten.
348	2	4	Die Kb. brechen mit dem 1. Viertel ab u. pausieren bis zum letzten Takt. Das dim. und p S. 348 ist von Levi.
353		3	Hr., Tr. u. Pk. brechen mit dem 1. Viertel ab u. pausieren dann bis Takt 6, letztes Viertel.

Seite	Zeile	Takt	
357		6	p ist von Levi.
365		9, 11	Das p in Tr., Pos. u. Pk. ist von Levi, ebenso cresc. in Takt 11.
366		15	Levi schließt den Akt mit einer (𝄐) statt ♩ 𝄽 ▬.
			Akt III.
367	1	7	Hr. 1, 2 spielen: Z. 2, T. 5 bis S. 368 Z. 1, T. 1 spielt das 1. Hr. die Original-Noten des 2. Hornes, das 2. Hr. dagegen die Original-Noten des 1. Hornes 8va basso.
367	2	5, 6, 7	Vc., Kb. spielen in diesen Takten immer nur ebenso die Takte 8, 9, 10 u. S. 368, Z. 1, T. 1, 2, 3; das 3. Viertel im Takt 3 ist dann wieder wie im Original.
368	1	5	Hr. 1 u. 2 spielen auf dem 3. Viertel Vc. u. Kb. Takt 7 wie Takt 3 dieser Zeile.
368	2	1	Hr. 1 u. 2 Hr. 3 u. 4 T. 7, Fg:
370	1	4	Die Kl. heißen von T. 4, Z. 1 bis einschl. 1. Viertel T. 3, Z. 2:
371	1	6	Hr. 1 T. 8 u. 9, Hr. 1 u. 2
371	2	4, 5	Hr. 1 u. 2 wie T. 8, 9, Z. 1, T. 9 u. folgenden spielt das 4. Hr. im Original unis. mit Hr. 3.
374	1	7	dim. ist von Levi.
375	1	3, 4, 5	Die Pk. spielt bei Levi. immer nur ♩ 𝄽 𝄽 |.
376	1	3	Die Kb. spielen nur ♩ 𝄽 ▬ |.
382	1	1	Das mf ist von Levi.
383	1	6	Fl. 1 spielt unisono mit Oboe 1 den ganzen Lauf, ebenso Z. 2, T. 1, 2 u. 3.
384		1	Die Kb. pausieren die ganze Seite.
387	2	1, 2	Hb. 1 spielt in 8va basso mit Fl. 1.
387	2	6, 7	Hr. 2 Hr. 3 u. 4
395	1	1—3	fp ist von Levi. Die Kb. spielen in Takt 2 u. 3 nur: fp fp
395	2	2 u. 3	fp sind von Levi. Kb. spielen: f Takt 4 pausieren sie.
396	2	1	₵ bei Levi.
400	1	6, 7	Hr. 1 u. 2 schweigen.
401	2	2, 3	Kb. spielen: Das fp in Takt 2 ist von Levi.
403	1	1, 2	Kb. spielen: sf
403	1	9	p ist von Levi.
404	1	1	p ist von Levi.
404	2	6	mf ist von Levi, ebenso S. 405, Z. 1, T. 8 original überall f piu f.
406	1	3, 5, 7	fp, p, fp sind von Levi. Original alles f.
406	2	3	p ist von Levi.
408	1	3	＞ Takt 4 p sind von Levi, ebenso in Takt 5 bis 10.
409	1	6—7	p ist von Levi.
409	2	4	＜, in Takt 1, 3, 5, 6, 9 die p sind alle von Levi. Original ff durchaus.
413	1	4	p ist von Levi. Original bleibt es f.
414	2	2, 3	Das mf u. p in den Bl. ist von Levi.
415	1	3	Bei Levi ₵.
416	1	2	fp ist von Levi.

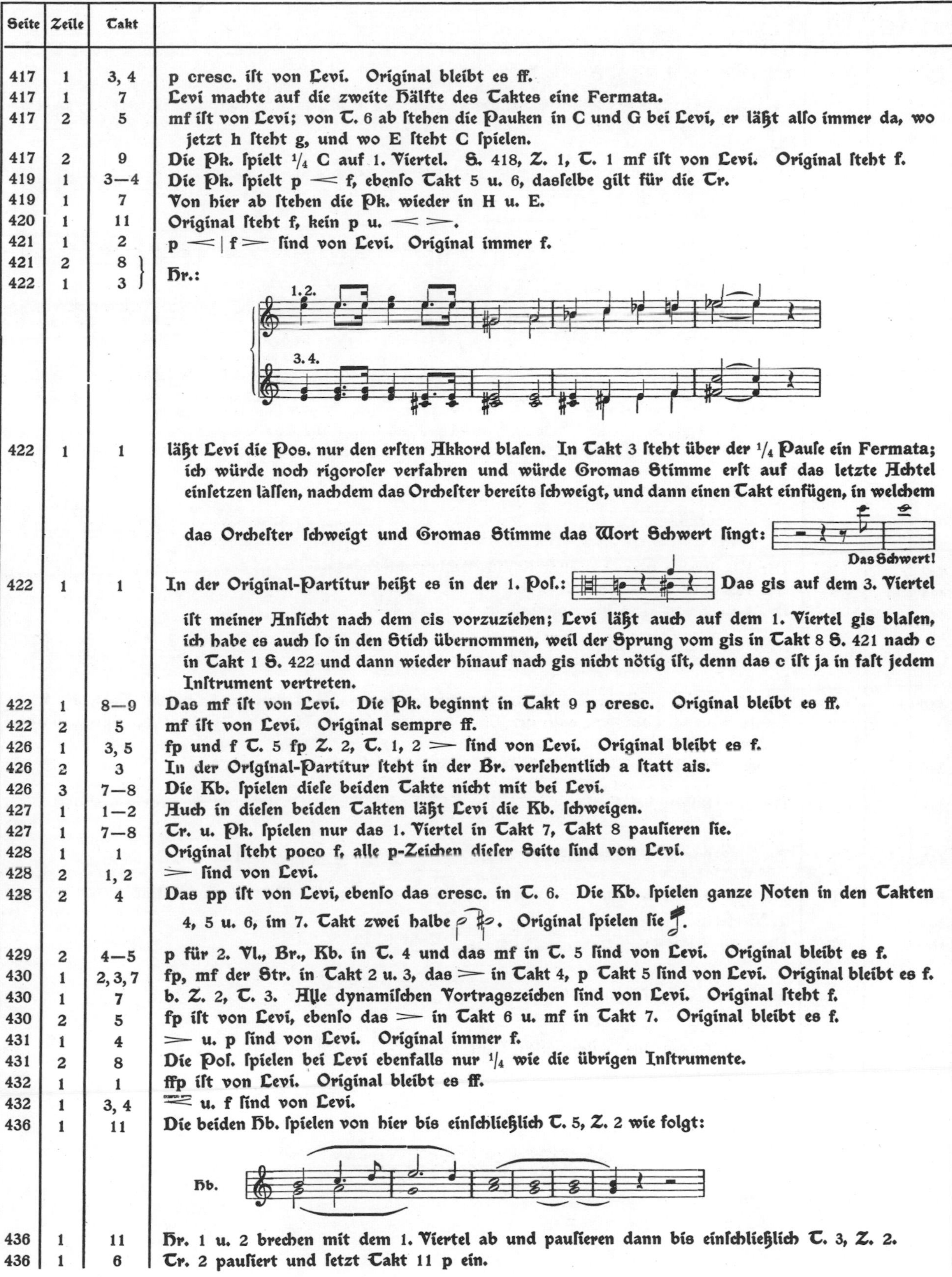

Seite	Zeile	Takt	
417	1	3, 4	p cresc. ist von Levi. Original bleibt es ff.
417	1	7	Levi machte auf die zweite Hälfte des Taktes eine Fermata.
417	2	5	mf ist von Levi; von T. 6 ab stehen die Pauken in C und G bei Levi, er läßt also immer da, wo jetzt h steht g, und wo E steht C spielen.
417	2	9	Die Pk. spielt 1/4 C auf 1. Viertel. S. 418, Z. 1, T. 1 mf ist von Levi. Original steht f.
419	1	3—4	Die Pk. spielt p < f, ebenso Takt 5 u. 6, dasselbe gilt für die Tr.
419	1	7	Von hier ab stehen die Pk. wieder in H u. E.
420	1	11	Original steht f, kein p u. < >.
421	1	2	p < | f > sind von Levi. Original immer f.
421 422	2 1	8 3	Hr.: 1.2. 3.4.
422	1	1	läßt Levi die Pos. nur den ersten Akkord blasen. In Takt 3 steht über der 1/4 Pause ein Fermata; ich würde noch rigoroser verfahren und würde Gromas Stimme erst auf das letzte Achtel einsetzen lassen, nachdem das Orchester bereits schweigt, und dann einen Takt einfügen, in welchem das Orchester schweigt und Gromas Stimme das Wort Schwert singt: Das Schwert!
422	1	1	In der Original-Partitur heißt es in der 1. Pos.: Das gis auf dem 3. Viertel ist meiner Ansicht nach dem cis vorzuziehen; Levi läßt auch auf dem 1. Viertel gis blasen, ich habe es auch so in den Stich übernommen, weil der Sprung vom gis in Takt 8 S. 421 nach c in Takt 1 S. 422 und dann wieder hinauf nach gis nicht nötig ist, denn das c ist ja in fast jedem Instrument vertreten.
422	1	8—9	Das mf ist von Levi. Die Pk. beginnt in Takt 9 p cresc. Original bleibt es ff.
422	2	5	mf ist von Levi. Original sempre ff.
426	1	3, 5	fp und f T. 5 fp Z. 2, T. 1, 2 > sind von Levi. Original bleibt es f.
426	2	3	In der Original-Partitur steht in der Br. versehentlich a statt ais.
426	3	7—8	Die Kb. spielen diese beiden Takte nicht mit bei Levi.
427	1	1—2	Auch in diesen beiden Takten läßt Levi die Kb. schweigen.
427	1	7—8	Tr. u. Pk. spielen nur das 1. Viertel in Takt 7, Takt 8 pausieren sie.
428	1	1	Original steht poco f, alle p-Zeichen dieser Seite sind von Levi.
428	2	1, 2	> sind von Levi.
428	2	4	Das pp ist von Levi, ebenso das cresc. in T. 6. Die Kb. spielen ganze Noten in den Takten 4, 5 u. 6, im 7. Takt zwei halbe. Original spielen sie.
429	2	4—5	p für 2. Vl., Br., Kb. in T. 4 und das mf in T. 5 sind von Levi. Original bleibt es f.
430	1	2, 3, 7	fp, mf der Str. in Takt 2 u. 3, das > in Takt 4, p Takt 5 sind von Levi. Original bleibt es f.
430	1	7	b. Z. 2, T. 3. Alle dynamischen Vortragszeichen sind von Levi. Original steht f.
430	2	5	fp ist von Levi, ebenso das > in Takt 6 u. mf in Takt 7. Original bleibt es f.
431	1	4	> u. p sind von Levi. Original immer f.
431	2	8	Die Pos. spielen bei Levi ebenfalls nur 1/4 wie die übrigen Instrumente.
432	1	1	ffp ist von Levi. Original bleibt es ff.
432	1	3, 4	< > u. f sind von Levi.
436	1	11	Die beiden Hb. spielen von hier bis einschließlich T. 5, Z. 2 wie folgt: Hb.
436	1	11	Hr. 1 u. 2 brechen mit dem 1. Viertel ab und pausieren dann bis einschließlich T. 3, Z. 2.
436	1	6	Tr. 2 pausiert und setzt Takt 11 p ein.

Seite	Zeile	Takt	
439		2	bis einschließlich T. 5, S. 442, Hr. u. Kb.: 1. 2. Hr. in E. 3. 4. Kb. Die Hörner spielen von hier ab wie im Original.
442		7	Die Kb. spielen pizz. bis einschließlich Schlußtakt S. 443.
444	1	1	Die Kb. spielen von hier ab arco.
445		5	Hr. 1 u. 2 von T. 5 bis einschließlich T. 5, S. 446: Hr. in E. 1. 2.
446		4	Die Bl. u. Pk. spielen das 4. Viertel pp, ebenso die Pos. und Str. im folgenden Takt, die Str. spielen im 4. Takt ⟩, auch der Chor setzt auf dem 4. Viertel des Takt 4 pp ein; es bleibt dann 4 Takte pp.
446		9	cresc. überall, bis T. 4, S. 447 das f eintritt, bei Levi.
447		4, 5	Hr. 3, 4 heißen bei Levi Tr. u. Pk. setzen in Takt 6, p cresc. ein.
448		5	Hr. 1, 2 spielen bis einschließlich T. 8
448		10	Hr. 3 u. 4, Tr. u. Pk. p (ist von Levi), alle übrigen spielen Takt 10 u. 11 dim.
449		1	1. Viertel p.
450		8	Hr. 1 u. 2 spielen Takt 9, 10.
451		11	bis S. 452, T. 1. Hr. 1, 2 spielen
456		3	Hr. 1, 2 spielen bis einschließlich Takt 12